王溢然 束炳如 主编

中学生物理思维方法丛书

8 分割与积累

王溢然 许洪生 编著

中国科学技术大学出版社

图书在版编目(CIP)数据

分割与积累/王溢然,许洪生编著. ——合肥:中国科学技术大学出版社,2015.8(2024.11重印)

(中学生物理思维方法丛书)
ISBN 978-7-312-03706-1

Ⅰ.分… Ⅱ.①王…②许… Ⅲ.中学物理课—教学参考资料 Ⅳ.G634.73

中国版本图书馆CIP数据核字(2015)第156574号

出版	中国科学技术大学出版社
	安徽省合肥市金寨路96号,230026
	http://press.ustc.edu.cn
	https://zgkxjsdxcbs.tmall.com
印刷	合肥市宏基印刷有限公司
发行	中国科学技术大学出版社
经销	全国新华书店
开本	880 mm×1230 mm 1/32
印张	8.375
字数	202千
版次	2015年8月第1版
印次	2024年11月第6次印刷
印数	18001—22000册
定价	25.00元

只有微分学才能使自然科学有可能用数学来不仅仅表示状态,并且也表示过程:运动.

——恩格斯

序　1

在中学物理学习过程中,学生在获取知识的同时,还要重视从科学宝库中汲取思维营养,加强科学思维方法的训练.

思维方法的范畴很大,包括抽象思维、形象思维、直觉思维等.以抽象思维而言,又有众多的方法,在逻辑学中都有较严格的定义.对于以广大中学生为主的读者群,就思维科学意义上按照严格定义的方式去介绍这众多的思维方法,显然是没有必要的.由王溢然、束炳如同志主编的这套丛书,不追求思维科学意义上的完整,仅选取了在物理科学中最有影响、中学物理教学中最常见的思维方法(包括研究方法)为对象,在较为宽泛的意义上去展开,立意新颖,构思巧妙.全套丛书各册彼此独立,都以某一类或两三类思维方法为主线,在物理学史的恢宏长卷中,撷取若干生动典型的事例,先把读者引入饶有兴趣的科学氛围中,向读者展示这种思维方法对人类在认识客观规律上的作用.然后,围绕这种思维方法,就其在中学物理教学中的功能和表现,以及其在具体问题中的应用做了较为深入、全面的开掘,使读者能从物理学史和中学物理教学现实两方面较宽广的视野中,逐步领悟到众多思维方法的真谛.

这套丛书既不同于那些浩繁的物理学史典籍,也有别于那些艰深的科学研究方法论的专著,它融合了历史和方法,兼顾了一般与提高,联系了教学与实际,突出了对中学物理教学的指导作用,文笔生

动、图文并茂,称得上是一套融史料性、科学性、实用性、趣味性于一体的优秀课外读物.无论对广大中学生(包括中等文化程度的读者)还是对中学物理教师以及高等师范院校物理专业的学生,都不无裨益.

科学研究是一项艰巨的创造性劳动.任何科学发现和科学理论的诞生都是在一定的背景下,科学家精心的实验观测、复杂的思维活动的产物.在攀登道路上充满着坎坷和危机,并不是一帆风顺、一蹴而就的.科学家常常需及时地(有时甚至是痛苦地)调整自己的思维航向,才能顺利抵达成功的彼岸.因此,任何一项科学新发现、一种科学新理论的诞生,绝不会仅是某种单一思维活动的结果.这也就决定了丛书各册在史料的选用上必然存在某些重复和交叉.虽然这是一个不足之处,却也可以使读者的思维层次"多元化".不过,作为整套丛书来说,如果在史料的选用上搭配得更精细一些、在思维活动的开掘上更深刻一些,将会使全书更臻完美.

我把这套丛书介绍给读者,首先希望引起广大中学生的兴趣,能从前辈科学家思维活动中汲取智慧,活化自己的思维,开发潜在的智能;其次希望中学物理教师在此基础上继续开展对学生思维方法训练的研究,致力于提高学生的素质,以适应新时期的需要;最后我也真诚地希望这套丛书能成为图书百花园中一朵惹人喜爱的花朵.

阎金铎

序 2

"中学生物理思维方法"是一个很诱人的课题. 如果从我比较自觉地关注这个课题算起,要追溯到20世纪80年代. 开始时,朴素的动因就是激发学生兴趣,丰富上课内容;后来,通过对许多科学研究方法论著作、思维学著作等的学习和教学实践,认识上逐步从传授知识层面提高到了对学生的学习能力乃至思维品质进行培养的高度. 于是,在90年代中期,经过比较充分的积累,策划编写了这套思维方法丛书.

《中学生物理思维方法丛书》问世后,受到了广泛的关注,被列入国家新闻出版总署"八五"规划重点图书,还被推介到台湾出版了繁体字版(中国台湾新竹"凡异出版社"). 因此,作者受到了很大的鼓舞.

光阴荏苒,如今已进入21世纪. 科学技术飞速发展,教学理念不断更新,教学的要求也随着时代前进的脚步有了很大的变化. 当前,国际教育界大力提倡"科学的历史、哲学和科学"教育,希望借此更好地提高学生的科学素质. 我国从新世纪开始试行的《高中物理课程标准》也明确提出同样的要求. 中外教育家一致的认识——结合物理教学内容,回顾前辈科学家创造足迹,无疑是了解科学本质、培养科学精神的一个重要途径.

本丛书的新一版继续坚持"科学史料、思维方法、中学教学"三结合的内容特色,并补充了反映科学技术方面的新成果、新思想,尤其在结合中学物理教学方面有了很大的进展——删去或淡化了与当前中学物理教学联系不够紧密的某些枝叶,突出了主干知识;撤换了相对陈旧的某些问题,彰显了时代风貌;调整了某些内容,强化了服务对象.值得说明的是,在新一版中还选入了相当数量的近年高考题,这些问题集中反射了各地专家、学者的智慧,格外显得光彩熠熠、耐人寻味.因此,新一版内容更为丰满多彩,也更为贴近中学教学和学生实际,更好地体现了科学性、方法性、应用性、趣味性.希望能够继续被广大读者喜欢,也希望能够更好地使读者受到启发,有所得益,有所进步!

今后,随着时代的发展和中学物理教学要求的不断更新,新思想、新成果和教学中的新问题势必会层出不穷,但前辈科学家崇高的科研精神、深邃的思想和创造性思维方法的光辉,必将永远照耀着人们前进的道路!

在新一版问世之际,首先要衷心感谢我的良师益友、苏州大学物理系束炳如教授.从萌发编写丛书的想法开始,束先生就给予作者极大的鼓励、支持.编写过程中,作者与先生进行了难以计次的深夜长谈,他开阔的思路、活跃的创见和对具体问题深刻的分析指导,都给了作者极为有益的启发和帮助,让作者从中得到了强大的精神力量,也给作者留下了永不磨灭的记忆.借此机会,同时衷心感谢两位德高望重的原顾问周培源先生[*]和于光远先生[**]以往对本丛书的关爱;衷心感谢为本丛书作序的阎金铎教授[***]对作者的鼓励;衷心感谢吴保让先生、倪汉彬先生、贾广善先生、刘国钧先生等曾为丛书审读初稿

---

[*] 周培源(1902~1993),著名物理学家,中国科学院院士,曾任中国物理学会理事长、中国科学技术协会主席、北京大学校长等.

[**] 于光远(1915~2013),著名经济学家,中国社会科学院哲学社会科学学部委员,曾任国家计划委员会经济研究所所长、中国社会科学院副院长等.

[***] 阎金铎,著名物理教育家,北京师范大学物理系教授、教科所所长,曾任中国教育学会物理教学研究会理事长等.

并提出了宝贵的修改意见;衷心感谢曾为丛书绘制精美插图的朱然先生;衷心感谢被引用为参考资料的原作者们;衷心感谢曾经对丛书大力支持的大象出版社;衷心感谢广大读者朋友对本丛书的厚爱.

本丛书相当于一个"系统工程",编辑、出版需要花费大量的人力、物力.新一版的问世,跟中国科学技术大学出版社的鼎力支持是分不开的.在此,也代表所有作者对中国科学技术大学出版社和有关编辑室表示衷心的感谢.

不知哪位作家说过这样的话:写作的最大乐趣首先是在写作的过程中,作者与读者心灵交流;其次是作品出版后,能够被读者认可.虽然这套丛书不是文学创作的作品,我们也只是站立三尺讲台的中学老师,但是在编写过程中,内心时时有着一种极为强烈的冲动,有一个声音呼唤着:把我们在长期教学实践中所积累和思考的有关中学物理教与学的点滴认识、心得与中学物理教学界同行,尤其是广大的中学生朋友们进行交流、分享与探讨.实际上,书中有许多地方都包含着从以往学生的思维火花中演绎的方法.

本丛书的新一版,尽管我们思考了比较长的时间,编写中也都作了努力,但仍然难免会有疏漏乃至错误的地方,请读者发现后予以指正.

王溢然

2014年2月于苏州庆秀斋

前　　言

分割与积累的思想方法,在人类文明史上很早就有了萌芽.刘徽割圆术的成功,可以认为宣告了分割与积累方法的科学地位,牛顿和莱布尼茨创立的微积分,则标志着这一科学体系的建立.从此,微积分思想有力地推动了科学发展的进程,并由此建立起经典物理学的大厦.直到今天,在现代物理学的发展进程中,也无时不闪耀着它的思想光辉.

本书从刘徽的割圆术和微积分的创立谈起,进而探讨了分割与积累思想在科学认识中的指导作用和在中学物理教学中的功能,并结合中学物理教学介绍了常用的几种分割与积累方法,最后通过对中学物理许多具体问题的剖析、演解,介绍了分割与积累思想在中学物理解题中的典型应用.

希望本书能有利于发展广大读者(尤其是广大中学生)的思维能力,并帮助广大读者突破物理学习中的难点,打开通往成功之路的大门.

作　者

2015 年 4 月

目　录

序 1 …………………………………………………（ i ）

序 2 …………………………………………………（ iii ）

前言 …………………………………………………（ vii ）

1　从割圆术到微积分 ………………………………（001）
　1.1　刘徽的割圆术 …………………………………（001）
　1.2　牛顿和莱布尼茨的微积分 ……………………（005）

2　分割与积累思想在科学认识中的作用 …………（014）
　2.1　突破变量研究的困难 …………………………（014）
　2.2　深化物质结构的认识 …………………………（024）
　2.3　建立科学的度量体系 …………………………（043）
　2.4　提供实验设计的依据 …………………………（050）
　2.5　升华对微观世界的理解 ………………………（059）

3　中学物理中常见的四种分割 ……………………（063）
　3.1　均匀分割 ………………………………………（063）
　3.2　不均匀分割 ……………………………………（068）

3.3 黄金分割 ·· (072)
3.4 微小量分割(微元法) ································· (079)

4 分割与积累思想的教学功能 ································ (097)
4.1 帮助建立和理解概念 ···································· (097)
4.2 指导认识和掌握规律 ···································· (111)
4.3 解释现象和处理数据 ···································· (125)
4.4 提升分析和探究层次 ···································· (134)

5 分割与积累思想在中学物理解题中的应用 ············ (144)
5.1 隔离法的应用 ··· (144)
5.2 微元法的应用 ··· (170)
5.3 高考中微元法应用赏析 ·································· (227)

主要参考资料 ·· (251)

后记 ·· (253)

1 从割圆术到微积分

1.1 刘徽的割圆术

刘徽(约公元 225—295)是我国魏晋时期的数学家,生于如今山东省的临淄或淄川一带.他一生最大的贡献,是为我国的古典数学名著《九章算术》作了注释*,同时还提出了很多独创的见解.利用"割圆术"计算圆周率就是其中的一个著名方法.

从周三径一到割圆术

在刘徽算出圆周率以前,工匠们在建筑中涉及圆周长度的时候,都根据以往从生产实践中得到的经验,采用"周三径一"的方法进行计算.也就是说,如果把圆的直径作为 1 个单位的话,那么其周长就是 3 个单位.运用数学的术语,这就表示圆周率 $\pi=3$.显然,这个结果是很粗糙的.

刘徽的割圆术就是用圆的内接正多边形的周长无限逼近圆周从

---

* 《九章算术》是我国古代极为重要的一本算经,书中系统地总结了我国从先秦到东汉初的数学成果,全书共有 246 道数学应用题,按内容成九类,即九章.包括土地测量、勾股定理、比例、方程、多位数开平方、开立方、立方形体积计算等运算方法,书中对各类问题都有统一的解法,但都没有证明.刘徽对此作了全面的注释、阐发与订正,使之成为世界古典数学名著之一.

而求出圆周率的方法.首先,他肯定圆的内接正多边形的面积小于圆面积;接着,先从圆内接正六边形起,再令边数一倍一倍地增加,依次构成圆内接12、24、48、96、…条边的正多边形(图1.1),并逐个算出它们的边长.显然,随着圆内接正多边形边数的增加,其面积也越来越接近于整个圆的面积,其周长也越来越接近圆周长,最后就可以根据两者的差值确定圆周率的大小范围.刘徽说:"割之弥细,所失弥少;割之又割,以至于不可割,则与圆周合体,而无所失矣."意思是说,割得越细,正多边形与圆周的误差也越小,这样不断分割下去,最后与圆周重合,便没有误差了.这段弥足珍贵的闪耀着极限思想和无限小分割思想的话,就是古代数学史上著名的"割圆术"的理论基础.

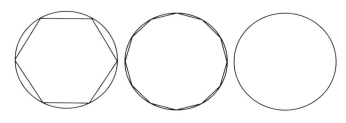

图 1.1

割圆术的数学论证

下面,我们可以对刘徽的方法用现代的数学语言稍稍展开,以便更好地领会其思想精华.

设圆的半径为 r,面积为 S,在圆内作一个正 n 边形和一个正 $2n$

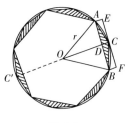

图 1.2

边形的内接正多边形(图1.2中以正六边形和正十二边形为代表),它们的面积分别为 S_n、S_{2n},并作一相关的矩形,如图1.2所示.图中 AB 是圆内接正 n 边形的一边,边长用 a_n 表示,AC 和 CB 是圆内接正 $2n$ 边形的两边,每边长用 a_{2n} 表示,则三角形 AOB 和四边

形 $AOBC$ 的面积分别为

$$S_{\triangle AOB}=\frac{S_n}{n}, \quad S_{AOBC}=2\cdot\frac{S_{2n}}{2n}=\frac{S_{2n}}{n}$$

则三角形 ABC 的面积及矩形 $ABFE$ 的面积分别为

$$S_{\triangle ABC}=S_{AOBC}-S_{\triangle AOB}=\frac{S_{2n}-S_n}{n}$$

$$S_{ABFE}=2S_{\triangle ABC}=\frac{2(S_{2n}-S_n)}{n}$$

因此,图中三角形 AOB 与矩形面积之和跟圆内相应的一块面积的大小关系为

$$S_{\triangle AOB}+S_{ABFE}=\frac{S_n}{n}+\frac{2(S_{2n}-S_n)}{n}>\frac{S}{n}$$

即

$$S<S_n+2(S_{2n}-S_n)=2S_{2n}-S_n$$

由于 $S>S_{2n}$,可以得到一个不等式:

$$S_{2n}<S<2S_{2n}-S_n \qquad ①$$

式中 $S_{2n}-S_n$ 即图中阴影面积. 当内接正多边形的边数倍增时,通过这个不等式,就可以从过剩与不足两方面趋近圆面积,从而得出圆周率.

接着,刘徽利用勾股定理等数学知识作了进一步的运算:

$$S_{2n}=nS_{AOBC}=n(S_{\triangle AOB}+S_{\triangle ABC})=n\times\frac{1}{2}\times AB\times OC=\frac{n}{2}a_n r$$

根据勾股定理和圆内相交弦的关系

$$OD=\sqrt{OA^2-AD^2}=\sqrt{r^2-\left(\frac{a_n}{2}\right)^2}$$

$$AC\cdot CB=CC'\cdot CD$$

有关系式

$$a_{2n}^2=2r\cdot(r-OD)=2r^2-r\sqrt{4r^2-a_n^2}$$

于是就可以得到正 $2n$ 边形的每边长为

$$a_{2n}=\sqrt{2r^2-r\sqrt{4r^2-a_n^2}} \qquad ②$$

式①、式② 是刘徽用割圆法得到的重要结果，也是算出圆周率的基本关系式. 接着，刘徽令 $r=1$(尺)，利用式② 由正六边形开始，依次倍增边数，一直计算到正 192 边形. 他根据式② 算出正 48 边形的每边长后，得到正 96 边形的每边长，它们分别为

$$a_{48}=0.130\,806(尺),\quad a_{96}=0.065\,438(尺)$$

相应的正 96 边形和正 192 边形的面积分别为

$$S_{96}=3.139\,344(尺^2),\quad S_{192}=3.141\,024(尺^2)$$

根据面积不等式①，得到

$$S_{192}=3.141\,024<S<2S_{192}-S_{96}=3.142\,704$$

因此，圆周率可以表示为

$$3.14\frac{64}{625}<\pi<3.14\frac{169}{625}$$

通常的应用中，可以取圆周率近似值为 3.14. 后人为了纪念刘徽，把这个结果称为"徽率".

后来，刘徽又算到内接正 3 072 边形的面积，求得的圆周率 $\pi=\dfrac{3\,927}{1\,250}$，即 3.141 6，创造了当时世界上最精确的记录.

刘徽的这个结果是十分了不起的. 不仅推理严密，而且计算也是非常艰巨的. 应该知道，远在 1 700 多年前没有计算工具的时代，只能依靠摆弄算筹进行计算＊，要完成包括开方在内这么复杂的计算，需要多么高超的技巧和惊人的毅力啊！

＊ 算筹又叫算子，是中国古代的一种运算工具. 它用小木片(或竹片)制成，根据它的不同摆法表示不同的数，并可进行某些运算.

割圆术的重大意义

刘徽的割圆术,不仅在于比较精确地算出了圆周率的大小,具有重要的应用价值,更重要的还在于突破了当时传统的思维框架,蕴含着深邃的思想——无限分割和极限思想,创造了一种简单而又准确的方法.虽然在世界数学史上刘徽的方法不是最早,但却是最严谨完美的割圆术.刘徽的工作对后人也产生了很大的影响.比他晚了约200年的祖冲之,在刘徽研究圆周率的基础上,进一步取得了当时震惊世界的巨大成就*.

英国著名的中国科学技术史专家李约瑟(J. Needham)博士说:"在这个时期,中国不仅赶上了希腊人,并且在公元5世纪祖冲之父子的计算中又出现了跃进,从而使他们领先了1 000年."我国当代著名数学家吴文俊说:"从对数学贡献的角度来衡量,刘徽应该与欧几里得、阿基米德相提并论."

1.2 牛顿和莱布尼茨的微积分

什么叫作微积分?微积分是一种数学思想方法.通俗地说,"微分"就是无限的细分;"积分"就是对无限的细分累积起来,即求和的意思.微积分的创立,是人类智慧伟大的成就之一,已成为现代数学最重要的部分.粗浅地说,如果把整个数学比作一棵大树,那么初等数学是树根,名目繁多的数学分支是树枝,而树干的主要部分就是微积分.可见微积分在数学中举足轻重的地位.

(1) 前人的思想、时代的呼唤

微积分的创立跟其他的科学发明一样,也不是从一位数学家头

---

* 祖冲之计算的圆周率 3.141 592 6 < π < 3.141 592 7,即密律为 355/113,约律为 22/7.人们为纪念祖冲之,把它称为"祖率".这个圆周率的数值在世界上保持了近千年,直到 1427 年才被中亚细亚的数学家阿尔·卜西更精确的推算打破.但是,祖冲之究竟用什么方法算出最佳的 π 值,至今仍然是我国数学史上的一个谜.

脑里突然蹦出来的.它有着悠久的历史渊源和社会发展需要的背景.作为微积分基础的极限概念和无限细分的概念,在东西方的哲学家、数学家的思想中很早就有了萌芽.

我国战国时代(约公元前3—5世纪)《庄子·天下篇》中写的"一尺之棰,日取其半,万世不竭",就蕴含了无穷小的思想.公元前3世纪,古希腊的数学家、力学家阿基米德(公元前287—前212),在研究多种平面图形的面积和回转体的体积时,提出了一个"力学方法"——把面积和体积都看成有一定的重量,并将它们分割成小长条或小薄片(称为"元素"),然后找出这些"元素"的重心和支点,再用杠杆平衡原理算出它们的面积或体积.这里就已经蕴含着近代微积分的思想.到了公元3世纪三国时代刘徽所提出的割圆术,已经非常明确地包含着无限小和极限思想.但在当时,由于生产力低下,可贵的微积分思想并没有更多的用武之地,因此也不会受到人们的关注,自然不可能有所发展.

历史的车轮进入17世纪以后,随着欧洲社会生产力的蓬勃发展,天文、航海、矿山建设、军事技术、力学研究等方方面面向数学提出了一系列涉及变量的问题.归结起来,大体上可以分为四种主要类型的问题:

① 由距离和时间的函数关系,如何求出物体在任意时刻的速度?反之,由物体的速度和时间的函数关系,如何求出它通过的距离?

② 如何确定物体做曲线运动时在其轨道上任一点处的运动方向?也就是需要解决任意曲线的切线问题.

③ 有关求函数的最大值与最小值的问题.

④ 如何计算曲线的长度,曲线所围成图形的面积、旋转的体积,以及如何计算一般物体的重心位置等?

这些问题强烈地吸引着数学家们,在牛顿和莱布尼茨之前至少有数十位数学家在进行研究,如法国的费马、笛卡儿,英国的巴罗、瓦里斯,德国的开普勒,意大利的卡瓦列利等.虽然这些数学家的工作是零碎的、不连贯的,但他们的研究提出许多很有建树的理论,客观上为微积分的诞生作了开创性贡献.牛顿和莱布尼茨则走在了这些数学家的最前面,分别独立研究和完成了微积分的创立工作.

(2) 牛顿的流数术

从运动的研究切入

当时数学家面临的这四大类问题,仿佛有两个入口,即对运动的研究以及对曲线切线和面积的研究.牛顿从对运动的研究切入——他根据运动的思想出发,创立了一种和物理概念直接联系的数学理论,牛顿把它称为"流数术".

牛顿认为任何运动都存在于空间,依赖于时间,因而他把时间作为自变量,把和时间有关的因变量称为流量(fluents)——相当于现在常说的变量.为了研究几何问题,他也从运动思想出发,认为所有的几何图形——线、面、体等,都可以看作力学位移的结果.例如,线(直线和曲线)可以看成点的运动,同样,可以把面看成线的运动,体看成面的运动.因此,点、线、面也都可以作为"流量".更广义地说,一切变量都是流量.流量随时间的变化率称为流数(fluxion of the fluent)——用微积分的语言,流数就是流量(变量)对时间的导数.

牛顿的流数术以无限细分和积累为思想基础,后来形成相关的系统理论,集中体现在《求曲边形面积》等三部论著里.牛顿运用他的流数术解决了函数的微分、求函数的极值、求曲线的切线、长度和曲率等问题,并附有积分简表.可以说,17世纪以来数学家面前的四大问题都已概括在牛顿的论著里,并都被顺利地解决了.

牛顿的微积分思想("流数术")最早是在1665年5月20日的一

份手稿中提出来的.

那时,由于伦敦爆发瘟疫,牛顿回到了农村的家中.他深入思考着有关天体运动、力学和数学等方面的问题.多年积聚的思想活力终于像火山的熔岩一样喷薄而出,势不可挡的智慧激流奔腾直下,在家乡的短短18个月中,铸就了牛顿一生最辉煌的科学篇章——发现了万有引力定律、光的分析和微积分,为近代的自然科学奠定了重要的基础.汤姆孙说:"牛顿的发现对英国及人类的贡献超过所有英国国王."有的学者就把1665年5月20日作为微积分的诞生日.

运动学的实例

现在,我们用一个运动学的简单实例,大体上认识一下牛顿的"流数术".假设一个质点从 a 点出发沿直线运动,依次经过 b、c、d 各点(图1.3),这条轨迹(直线)可以看成由于点的运动而形成的.这个运动的点相对原点的位移 x 就是一个与时间有关的量.按照牛顿的意思,位移 x 就是流量,它随时间的变化率(即运动速度)就称为流数.

图1.3

如果该质点经过轨迹上某一点(如 b 点)附近的位移 Δx 历时 Δt,从运动学可知,这段位移(或这段时间)内的平均速度为

$$\bar{v}_b = \frac{\Delta x}{\Delta t}$$

所取的时间 Δt 越短,相应的位移 Δx 也越小.当 $\Delta t \to 0$ 时,根据上式算出的平均速度趋向于某个确定的值,它被称为 b 点的瞬时速度,用公式表示为

$$v_b = \lim_{\Delta t \to 0} \bar{v}_b = \lim_{\Delta t \to 0} \frac{\Delta x}{\Delta t}$$

采用微分符号后可表示为

$$v_b = \frac{\mathrm{d}x}{\mathrm{d}t}$$

这就是说,运动物体在某一位置(如 b 点)或某一时刻的瞬时速度,就是包含这个位置(或这个时刻)在内的极短位移(或极短时间)内平均速度的极限.在微分学中可简单地称为:速度等于位移对时间的导数(或微商).这是一个适用于运动物体在任何时刻(或任何位置)的关系,因此可以普遍地表示为

$$v = \frac{\mathrm{d}x}{\mathrm{d}t}$$

根据同样的道理,牛顿把物体运动的加速度称为"速度对时间的导数(或微商)",或者也可称为"位移对时间的二阶导数(或二阶微商)",即

$$a = \frac{\mathrm{d}v}{\mathrm{d}t} \quad \text{或} \quad a = \frac{\mathrm{d}v}{\mathrm{d}t} = \frac{\mathrm{d}^2 x}{\mathrm{d}t^2}$$

显然,质点做匀速直线运动时,$v = \frac{\mathrm{d}x}{\mathrm{d}t} =$ 恒量;质点做匀加速直线运动时,$a = \frac{\mathrm{d}v}{\mathrm{d}t} =$ 恒量.

牛顿的流数术(包括一系列运算法则)给处理变量的问题提供了分析、研究的有力武器,从而极大地推动了物理学和数学的发展.

例如,物体做简谐运动时,我们只要根据它的位移方程

$$y = A \cos \omega t$$

立即可以用求导数的方法算出它在任何时刻的速度和加速度,即

$$v = \frac{\mathrm{d}y}{\mathrm{d}t} = -A\omega \sin \omega t$$

$$a = \frac{dv}{dt} = -A\omega^2 \cos \omega t \ ^*$$

爱因斯坦对微积分的发明作出高度的评价:"这本身就是一个第一流的创造性的成就.""只有微分定律的形式才能完全满足近代物理学家对因果性的要求."

(3) 莱布尼茨异曲同工

从曲线的研究切入

莱布尼茨是德国著名数学家.他以几何学为基础,从"曲线的切线"和"曲边图形的面积"切入对变量的研究.例如,他认为曲线的切线依赖于纵坐标之差与横坐标之差的比值;求曲边图形的面积则依赖于在横坐标的无限小区间上的纵坐标之和或无限薄的矩形之和.这个意思现在是非常容易理解的.如图1.4所示,在曲线上 P 点处的切线就可以用包含这一点的邻近两点的坐标差的比值表示,即 $\frac{\Delta y}{\Delta x}$;当 $\Delta x \to 0$(无限小)时就变成 y 对 x 的导数了,即

$$\frac{dy}{dx} = \lim_{\Delta x \to 0} \frac{\Delta y}{\Delta x}$$

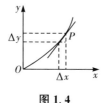

图 1.4

图 1.5 中曲边形的面积可以通过细分 x 坐标后,由许多很小的矩形之和求出来;当 $\Delta x \to 0$(无限小)时,求和就转化为积分了,即

---

* 微分运算方法目前在中学数学选修课程中已有介绍,但超出了现行中学物理的要求,这里写出其运算结果仅是为了说明其作用.其他部分偶尔出现的微分表达式目的同此.

$$S = \sum y_i \Delta x_i \quad \Rightarrow \quad S = \int y \, \mathrm{d}x$$

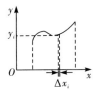

图 1.5

莱布尼茨用无穷小的思想给出了微积分的基本定理. 由于早期的微积分主要是以"无穷小量分析"为标志的,因此他把这门学问称为"无穷小分析".

相辅相成　相得益彰

牛顿以力学的研究为基础,莱布尼茨以几何学的研究为基础,他们把两个貌似毫不相关的问题联系在一起,从不同的途径、运用不同的方法独立地进行研究. 一位具有英国式的处事谨慎、治学严谨的风度(牛顿的大部分著作都是在朋友的劝告和坚决请求下才勉强整理出来的),一位具有德国人的哲理思辨、热情大胆(却不太注意严格的逻辑性和严密性). 但是,他们的思想核心却是完全一致的 —— 他们的理论都是建立在无限小量的基础上,并系统地总结出了一套强有力的无穷小算法. 因此两人必然达到异曲同工、殊途同归的效果. 并且,由于两人的研究风格各有特色,更好地起了互补作用,相辅相成、相得益彰,共同推进了微积分的发展.

例如,莱布尼茨堪称"符号大师",他所创设的微积分符号远远优于牛顿的符号. 现在普遍使用的微分符号:

$\mathrm{d}x$ —— 微分(拉丁词 differentia(细分) 的第一个字母);

$\dfrac{\mathrm{d}x}{\mathrm{d}t}$ —— 对时间的导数;

$\int$——积分(拉丁词 summa(求和)的第一个字母"S"的拉长变形).

这些符号都是莱布尼茨创造的. 它们不仅简洁而准确地揭示了微积分的本质, 方便了运算, 也有力地促进了微积分研究的发展.

显然, 这些符号都建立在极限概念的基础上, 它们跟中学物理常用的非无限小量的相当关系是

$$\mathrm{d}x \to \Delta x, \quad \frac{\mathrm{d}x}{\mathrm{d}t} \to \frac{\Delta x}{\Delta t}, \quad \int \to \sum$$

可见, 微积分并不神秘.

科学无国界

在数学史上, 曾经发生过一场有关微积分创立的"优先权"公案. 牛顿在 1665—1666 年完成了有关流数术的主要著作《求曲边形面积》(1704 年发表), 1669 年, 牛顿在他的朋友中散发了题为《运用无穷多项方程的分析学》的小册子(1711 年发表). 1671 年他完成了系统地论述"流数术"的重要著作《流数术和无穷级数》(后因 1676 年伦敦大火殃及印刷厂, 珍贵的手稿被烧, 直到 1736 年才发表).

莱布尼茨是在 1675 年左右形成了微分的思想与方法. 1684 年, 他在《学术学报》上发表了关于微分法的第一篇论文＊, 这也是科学史上最早的微积分文献. 在这篇论文里, 莱布尼茨介绍了微分的定义、采用的符号, 并提出了一种求极大极小和切线的新方法, 接着, 在 1686 年又发表了最早的积分法的论文, 并引进了积分符号($\int$).

可见, 从创立时间上说, 牛顿发明微积分比莱布尼茨早了约 10 年, 但公开发表微积分文章的时间, 莱布尼茨比牛顿早. 牛顿在微积

＊ 莱布尼茨的这篇论文题目很长, 名为《一种求极大极小和切线的新方法, 它也适用于分式和无理数, 以及这种新方法的奇妙类型的计算》.

分的应用上更多地结合了运动学,造诣较莱布尼茨高一筹;但莱布尼茨的表达形式采用数学符号却又远远胜牛顿一筹.争论的最后以两个人独立地创立微积分而画下了圆满的句号.

牛顿在1687年出版的《自然哲学的数学原理》的第一版中曾这样写道:"十年前在我和最杰出的几何学家G·W·莱布尼茨的通信中,我表明我已知道确定极大值和极小值的方法,作切线的方法以及类似的方法,但我在交换的信件中隐瞒了这个方法——这位最卓越的人在回信中写道,他也发现了一种同样的方法."科学无国界,认为两人独立地创立微积分是非常公允和合情合理的.

2 分割与积累思想在科学认识中的作用

分割与积累的思想起源于生产实践,并随着科学技术的发展而发展.它为研究自然界中普遍存在的宏观连续变化的问题提供了极为重要的思想方法.在物理学发展的漫长历程中,到处都可以发现分割与积累思想闪耀的光辉,同时也反过来提升了对分割与积累意义的认识.

法国著名物理学家朗之万说过这样的话:"在科学教育中,加入历史的观点有百利而无一弊."下面,我们结合若干典型史料,分几方面对分割与积累在科学认识中的作用加以阐释.

 2.1 突破变量研究的困难

(1) 瞬时加速度与牛顿第二定律

物理学成为一门独立的学科,可以认为是从批判亚里士多德的运动观中诞生并发展起来的.

伽利略的贡献

亚里士多德把物体的运动分为自然运动和强迫运动,伽利略对此很不满意.他认为,"物体向上的运动与它在重力作用下向下的运动一样自然."他抓住运动的基本特征——速度的概念,把运动分为匀速运动和变速运动两大类. 在这个基础上, 伽利略认为, 类似于用相等的时间和路程去考虑和研究运动的均匀性, 也可以从相等的时间去观察所发生的速度变化的均匀性. 由此, 伽利略第一个建立了经典力学中的一个重要的概念 —— 加速度.

伽利略关于运动的理论, 完整地总结在1632年出版的《对话》和后来被囚禁后完成的《两门新科学》中 —— 包括他用一个"落体佯谬"对亚里士多德的落体定律提出了诘难, 著名的"斜面实验"等, 同时对惯性原理有了更明确的认识. 他在《两门新科学》中提出了一个"对接斜面"的理想实验(图 2.1). 沿光滑斜面 AB 运动的小球, 用它在 B 点得到的速度, 能使它沿着斜面 BC、BD、BE 等上升到与 A 相同的高度; 只是随着这些斜面倾斜度的减小, 小球运动的时间将更长, 运动的距离将更远, 其速度的减小过程也将更慢; 在水平面 BF 上, 小球就会以恒定的速度运动下去.

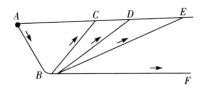

图 2.1   对接斜面的理想实验

<blockquote>
伽利略写道: "任何速度一旦施加给一个运动着的物体, 只要除去加速或减速的外因, 此速度就可保持不变; 不过, 这是只能在水平面上发生的一种情况……"
</blockquote>

显然, 这里伽利略已经明确地表述了他关于惯性运动的思想. 这是一个十分可贵和重要的思想. 惯性原理可以说是近代力学赖以建立的基础. 因为只有在确定了这个原理后, 人们才可能去追索物体运动状态变化的原因, 并最终建立起机械运动的基本方程.

伽利略在得出了落体定律和惯性原理后, 把它们推广到抛射体的运动时, 他很自然地用重力的作用来解释下落时产生加速度的原因,实际上已经说明了加速度是力的作用的结果. 也就是说,他把力的作用跟物体运动状态的变化联系起来,萌发了牛顿第二定律的基本思想.

牛顿的突破

但是,在牛顿之前,没有一个科学家(包括伽利略在内)认真研究过和提出过运动第二定律. 虽然伽利略萌发了力与加速度依赖关系的思想;后来,法国的笛卡儿对圆周运动的分析,在力与加速度关系方面也对牛顿有着不可低估的作用;英国的培根(F. Bacon)也曾在《新工具》一书中提出了作用力依赖于质量的概念;但他们都没有也不可能发现作用力与质量和加速度之间的定量关系,并将其发展成科学的运动基本定律.

为什么在牛顿之前的科学家会止步于此呢? 这里的一个重要因素,就是缺乏处理变量问题的研究工具. 物体做变速运动——无论是匀变速运动、匀速圆周运动、抛体运动等时,速度的大小、方向都在不断变化,如何表示时刻变化的物理量,是当时研究变速运动的一大障碍.

牛顿的运动第二定律是他因发现万有引力定律的需要才发现的. 因为在牛顿之前和同时代的科学家虽然对关于太阳对行星的引力已经有所感悟,但迫于行星的椭圆运动,其速度的大小、方向时刻变化而一筹莫展. 牛顿运用所发明的微积分方法,通过对时间变量进行无限分割,然后采用对各微元进行累积运算,顺利地突破了这一障碍. 如果比较一下伽利略和牛顿对速度和加速度的定义(表2.1)就可以发现两人之间的差别了——牛顿棋高一着!

对比这两种定义可以看出,牛顿的定义把伽利略对某段时间间隔内的运动变化过程推进到对每一瞬间的运动状态的变化,将原来只能研究均匀变化的运动推进到对非均匀变化的运动的研究,这无疑是运动学研究的一大飞跃.

表 2.1 伽利略和牛顿对速度和加速度的定义

物理量	伽利略的定义	牛顿的定义
速度	$v=\dfrac{s}{t}$ 或 $v=\dfrac{\Delta s}{\Delta t}$ （速度是位移与时间的比值，适用于有限时间间隔）	$v=\dfrac{\mathrm{d}s}{\mathrm{d}t}$ （速度是位移对时间的一阶导数，可适用于每个瞬时）
加速度	$a=\dfrac{v_2-v_1}{t}$ 或 $a=\dfrac{\Delta v}{\Delta t}$ （加速度是速度的变化与时间的比值，适用于有限时间间隔）	$a=\dfrac{\mathrm{d}v}{\mathrm{d}t}$ 或 $a=\dfrac{\mathrm{d}^2 s}{\mathrm{d}t^2}$ （加速度是速度对时间的一阶导数或位移对时间的二阶导数，可适用于每个瞬时）

在这个基础上，牛顿进一步研究和总结了力与质量和加速度的关系，得出了运动第二定律．在牛顿的伟大著作《自然哲学的数学原理》中的正式说法是：

定律 2　运动的变化与外加的动力成比例，并且运动的变化发生在外加力的直线方向上．

用现行中学物理的习惯说法就是：物体的加速度与它所受到的外力成正比，并且加速度的方向一定与外力的方向相同．

牛顿在原著中把第二定律表示为动量形式，对一段有限时间间隔，我们可把它写为

$$m\Delta v = F\Delta t$$

用现行中学物理的习惯写法，就是

$$F = m\dfrac{\Delta v}{\Delta t} = ma$$

由于牛顿第二定律中的加速度是一个瞬时量(牛顿第二定律的微分形式为 $F = m\dfrac{\mathrm{d}v}{\mathrm{d}t}$),它适用于运动过程中的每一瞬间,因此,可广泛应用于匀速圆周运动、抛体运动、机械振动等各种均匀变化和不均匀变化的运动,从而奠定了动力学的基础。

(2) 均匀球体对球外质点的引力

万有引力定律是牛顿最著名的科学发现之一。这个发现奠定了天体力学的基础。它在科学史上所产生的深远影响怎样评价也不过分。法国著名的数学家和天体力学家拉普拉斯(P. S. Laplace)说:"用地球的运动去解释天体运动所表现的简单性,得到天文学家们一致的赞同,它被认为是万有引力原理的一种新的验证,使其达到物理科学可能达到的最高境界。"

从牛顿于 1665—1666 年的"最佳年华"开始对引力的研究到万有引力定律的正式发表,经历了 20 年的曲折道路。他超越了同时代人,突破了几大障碍。其中,用他所发明的微积分方法计算出均匀球体对球外质点的引力,便是一大成功的突破。这里也正折射出分割与积累思想的光辉。

为了使读者领略这种思想方法,我们把这一计算的过程简单介绍如下。

设一半径为 R_0、质量为 M_0 的均匀球体,其球心 O 与球外 P 处质量为 m 的质点相距 a。计算它们之间相互作用力的主要步骤是:

① 将整个球体分割成厚度很薄的一系列球壳(图 2.2(a))。

② 将球壳沿质点 m 与球心 O 连线垂直的面分割成许多很窄的圆环(图 2.2(b))。

③ 将圆环再分割成许多很小的弧段,并把每个弧段看成一个质点,它们的质量分别为 $\Delta M_1, \Delta M_2, \cdots, \Delta M_n$,如图 2.2(c) 所示。

2 分割与积累思想在科学认识中的作用

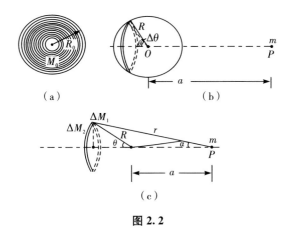

图 2.2

④ 根据两个质点间的引力公式算出每一小弧段对质点 m 的引力. 因为每一小弧段对质点 m 的距离

$$r = \sqrt{(a+R\cos\theta)^2 + (R\sin\theta)^2}$$
$$= \sqrt{a^2 + R^2 + 2aR\cos\theta}$$

所以,每一小弧段对球外质点 m 的引力分别为

$$\Delta F_1 = G\frac{\Delta M_1 m}{r^2} = G\frac{\Delta M_1 m}{a^2 + R^2 + 2aR\cos\theta}$$

$$\Delta F_2 = G\frac{\Delta M_2 m}{r^2} = G\frac{\Delta M_2 m}{a^2 + R^2 + 2aR\cos\theta}$$

……

$$\Delta F_n = G\frac{\Delta M_n m}{r^2} = G\frac{\Delta M_n m}{a^2 + R^2 + 2aR\cos\theta}$$

它们的方向都沿着各小弧段与质点 m 的连线.

各小弧段对质点 m 的引力在 OP 方向上的分量之和便是整个圆环对质点 m 的引力,即

$$F' = \Delta F_1 \cos\alpha + \Delta F_2 \cos\alpha + \cdots + \Delta F_n \cos\alpha$$
$$= G\frac{M'm}{a^2 + R^2 + 2aR\cos\alpha}\cos\alpha$$

式中 $M' = \Delta M_1 + \Delta M_2 + \cdots + \Delta M_n$ 是整个圆环的质量,而

$$\cos \alpha = \frac{a + R\cos\theta}{r} = \frac{a + R\cos\theta}{\sqrt{a^2 + R^2 + 2aR\cos\theta}}$$

代入上式后得

$$F' = G\frac{M'm(a + R\cos\theta)}{(a^2 + R^2 + 2aR\cos\theta)^{3/2}}$$

⑤ 整个球壳对质点 m 的引力等于各个环带对质点 m 的引力之和.

由于各环带对质点 m 的距离和张角不同(图 2.3),牛顿借助积分方法算出它们的合力为

$$F = G\frac{4\pi R^2 \sigma m}{a^2} = G\frac{Mm}{a^2}$$

式中 σ 为球壳的面密度,$M = 4\pi R^2 \sigma$ 为半径等于 R 的这个球壳的质量.

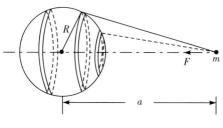

图 2.3

由上述计算结果可知,一个质量均匀分布的球壳对球外质点的引力,就像把整个球壳的质量集中于球心时一样.

⑥ 由于整个球体是由无数个球壳组成的,整个球体对球外质点的引力应该等于这无数个球壳对该质点引力之和,也就相当于把整个球体的质量集中于球心一样.

所以,一个质量为 M_0、半径为 R_0 的均匀球体对离球心 a 处质点 m 的引力为

2 分割与积累思想在科学认识中的作用

$$F_0 = G\frac{M_0 m}{a^2}$$

这便是我们所熟知的公式.

从一个均匀球体对球外质点的引力也可推出两个均匀球体间的相互作用力. 牛顿在他的《自然哲学的数学原理》的第一卷中写道:"可想象其他的球由无数的粒子 P 组成,并因为每一个粒子被吸引的力,与微粒距第一个球中心的距离和同一个球共同成比例. 所以,好像吸引力都是从位于这个球中心上的单个粒子发出来的一样,在第二个球中所有的微粒被吸引的力,就是整个球体被吸引的力,好像与这个球被第一个球中心上单个粒子发出的力所吸引是一样的,所以是与这些球之间的距离成比例."

在这里,牛顿十分精辟地阐述了球与球之间吸引力的计算思想,即将球分割成许多小质点,通过求出各小质点对球外质点的引力的矢量和,就可算出两个球体间的引力.

(3) 从质点到电流元

1820 年 7 月 21 日,丹麦物理学家奥斯特(H. C. Oersted)向科学界宣布了"电流的磁效应",轰动了整个欧洲,极大地震动了法国学术界.

敏感的安培

当时,科学上极其敏感,善于接受他人成果的法国物理学家安培(A. M. Ampère)对奥斯特的这一划时代的发现表现出异乎寻常的热情. 他在听到阿拉果在法国科学院的每周例会上介绍后的第二天,就重复了奥斯特的实验,并加以发展. 在不到一个月的时间内,安培通过实验总结出了关于磁针的转动方向与电流方向之间关系的右手定则,即著名的安培定则(图 2.4). 接着,安培在奥斯特发现的启发下,想到两根通电导线之间也会有相互作用. 同年 9 月 25 日他向法国科学院报告了他的实验结果:两根平行载流导线,通以同向电流时相互吸引,通以反向电流时相互排斥(图 2.5).安培又把导线绕成螺旋状,研究它们之间的相互作用.

图 2.4 安培定则

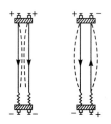
图 2.5 电流之间的相互作用

直线电流的磁作用

与此同时,法国的许多物理学家也都展开了研究.同年 10 月 30 日,毕奥(J. B. Biot)和萨伐尔(F. Savart)报告了他们发现的直线电流对磁针作用的规律,指出这一作用正比于电流的强度,反比于它们之间的距离,作用力的方向则垂直于磁针到导线的连线(图 2.6),用公式可表示为

$$F \propto \frac{I}{r}$$

后来,法国著名科学家拉普拉斯根据微积分原理,把直导线分割成许多微小的元段(称为电流元,可表示为 $i\Delta x$,这里的 Δx 表示一小段导线,i 就是通过该微小导线的电流),如图 2.7 所示,并假设整个

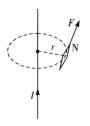
图 2.6 电流对磁针作用力的方向

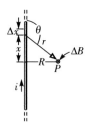
图 2.7 用微分方法研究直线电流的磁作用

2 分割与积累思想在科学认识中的作用

导线对磁针的作用可看成是许许多多电流元单独作用的总和.拉普拉斯运用数学分析的方法,给毕奥和萨伐尔的实验结果作出了严格的证明(后来这一结果就称为毕奥-萨伐尔-拉普拉斯定律).

电学中的牛顿

安培从1820年10月起,也正在集中精力研究电流之间的相互作用.他的想法跟拉普拉斯的假设不谋而合,也是把导线中的电流看成无数电流元的集合,并且提出了一个假设:"两个电流元之间的相互作用力沿着它们的连线."他超越拉普拉斯等人的地方在于,不仅用微积分方法进行理论探究,还同时进行了实验探究.

安培以他精巧的实验技能设计了四个目的非常明确的实验,仔细研究两个电流元之间的相互作用.

第一个实验证明:电流反向时,它所产生的作用也反向.

第二个实验证明:电流元之间的作用具有矢量性质,许多电流元的合作用等于各单个电流元所产生作用的矢量和.

第三个实验证明:作用在电流元上的力是与它垂直的.

第四个实验证明:各电流元的长度和相互之间的距离增加同样倍数时,作用力不变.

安培在这四个实验的基础上,运用他高超的数学才能,总结出了两个电流元之间相互作用的规律:两个电流元之间相互作用力的大小,正比于它们的长度和电流强度,反比于它们之间距离的平方.用公式可表示为

$$F \propto \frac{I_1 \Delta l_1 \cdot I_2 \Delta l_2}{r^2}$$

这就是著名的安培定律.1820年12月4日,安培向法国科学院报告了这个极其重要的成果.

从1820年7月奥斯特发现电流的磁效应到同年12月安培通过实验和理论分析提出安培定律,仅仅经历了短短4个多月的时间,电

磁学却已经完成了从现象的总结到理论的归纳这样的一次飞跃,从而开创了电动力学的理论. 在这次飞跃中,安培起了最大的推动作用. 麦克斯韦对安培的工作给以很高的评价,他说:"安培借以建立电流之间机械作用的实验研究,是科学上最辉煌的成就之一."

安培的成功,除了由于他对科学上新事物高度的敏感性和熟练的实验技能外,也得益于微积分运算法则给理论研究提供了极为有力的工具,而这正是分割与积累思想的体现.

实际上,安培所采用的分析方法,就是牛顿的方法. 他仿照牛顿把物体分割成无数质点那样,把电流分割成无数的电流元,把电磁力简化为电流元之间的吸引力和排斥力. 麦克斯韦把他誉为"电学中的牛顿"是非常恰当的. 他说:"整个理论和实验研究看来似乎是从这位'电学中的牛顿'的头脑中跳出来的,并且是已经成熟地完全装备完了的,它在形式上是完整的,在准确性方面是无懈可击的. 并且汇总成为一个必将永远是电动力学的基本公式的关系式,由此可以导出一切现象." 安培不愧被称为电动力学的创始人和奠基者.

2.2 深化物质结构的认识

早在公元前很多年,东西方的哲学家、思想家就开始了对物质本原的思考:五彩缤纷的万物世界到底是由什么最简单的东西组成的呢? 从东西方古人朦胧的思辨开始,直到如今已深入到粒子世界,在人们对物质结构认识的漫长历程的各个不同阶段,始终贯穿着"分割"的思想,人们一直希望由此去认识组成世界万物的基本单元.

(1) 古代东西方哲人的物质观

中国古代大宇宙观

从包括宇宙的形成、演化的大宇宙观来说,我国古代出现过几种有影响的学说. 如先秦时期老子最先提出把"道"作为宇宙生成论的最高概念,这可以说也是一种最"说不清、道不明"的概念. 先秦时期也同时出现了"元气说"和"阴阳论"——前者认为元气是宇宙的本体,世界万物都是元气聚散的产物,它认可了连续物质的存在,称得上是世界上最早摆脱分立概念束缚的学说;后者"阴阳论"以《周易》为代表,认为阴阳的相互激励,才形成了宇宙万物及其运动的多样性. 此外,还有比气低一个层次、更具体的"五行说"——有气而生五行,而生万物. "五行说"认为世界万物是由水、火、木、金、土五种最基本的东西组成的,在古书《国语·郑语》中说:"以土与金、木、水、火杂,以成百物." 这种学说跟古希腊哲学家提出的"四元素说"基本相同.

中国古代的物质结构观

从物质组成的微观结构来说,我国古代大体上有两种观点:一种认为物质不可无限分割;另一种认为物质无限可分.

认为物质不可无限分割的代表观点,最典型的例证就是在成书于战国时期的《中庸》里说:"语小,天下莫能破焉." 这句话的意思是说,有一种东西称为"小",不能再分割了. 当年孔子的孙子、著名的儒家学者孔伋(字子思,前483—前402)就持有这样的观点,认为物质只能"破"到"莫能破". 这里"破"的意思就是"分割","莫能破"就是"不可分割". 意思是说物质不可以无限分割,最后只能被分割到称为"莫能破"的物质单元. 这就是一种原子论的观点. 我国著名学者严复(1853—1921)最早将欧洲近代原子理论翻译介绍到国内来时就用了孔伋的话,将原子译成"莫能破"质点.

在战国时期的墨家学派,还提出了一个特殊的概念——"端". 所谓"端,体之无厚而最前者也."(另说,"体之无序而最前者也".) 意思是说,把一个物体分至极微,直至无可再分,成为构成物质的最小单位,没有其他更小的可以与之相比了. 墨家认为,"端"犹如种子萌发的芽尖,正如植物由芽尖长成那样,世界万物都由"端"构成. 先由许

多"端"串成线,称为"尺";再由许多"尺"排成面,称为"区";最后由许多"区"摞成体,称为"穴".墨家的观点也是一种朴素的原子论,从本质上讲也是一种贯穿着分割思想的物质结构理论.

认为物质是无限可分的,最典型的例证就是成书于战国时期的《庄子·天下篇》所提出的"一尺之捶,日取其半,万世不竭"的观点."捶"是一种策马鞭上的短木棍. 意思是说,一尺长的短木棍,每天分割一半,亿万年也分割不完*. 虽然对于木棍这样的具体物体进行机械分割,是不可能"万世不竭"的,但它朴素地道出了中国古人所具有的物质无限可分的思想,是非常可贵的.

古代西方的物质结构说

相比于东方哲人往往以思辨为主的探索,西方哲学家比较偏重于对自然界的直接观察. 作为古代科学文化活动中心的希腊,曾较早提出过各种关于物质结构的学说,其中产生较大影响的有如下几种:

公元前 640 年,泰勒斯(Thales of Miletus,古希腊,约前 624—前 547)认为"水"为万物之源,生命来源于水,并依赖于水.

公元前 5—6 世纪,阿那克西米尼(Anaximenes,古希腊,约前 550—前 475)提出万物之源是气的主张. 他说:"使物质集合或凝聚的是冷,使它稀薄和松弛的是热."这不仅指出了万物的变化方式,还指出了变化的原因.

差不多同时期,赫拉克利特(Heraclitus of Ephesus,古希腊,约前 540—前 480)提出万物之源是火的主张. 他说:"一切事物都换成火,火也换成一切事物,正像货物换成黄金,黄金换成货物一样."他又说:"这个世界,对于一切存在物都是一样的,它不是任何神所创造

---

* "日取其半"地分割一尺长的木棍,经过 30 天,剩下的长度只有 $1/10^9$ 尺,变成了比木头纤维素更小的东西. 用机械方法分割是不可能的,且以后继续无止境地分割出来的小粒子早已不具有木头的性质了.

的,也不是任何人所创造的,它过去、现在、未来永远是一团永恒的活火,在一定的分寸上燃烧,在一定的分寸上熄灭."

公元前 4 世纪,亚里士多德提出四元素说,认为土、水、气、火四种元素是构成世界的物质原始,这四种元素是由干、冷、湿、热四性的不同组合得到的. 如湿与冷结合形成水,湿与热结合形成气,热与干结合形成火,干与冷结合形成土(图 2.8),这四种元素的不同组合就构成了世界万物.

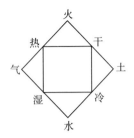

图 2.8　四元素说

公元前 4 世纪,德谟克利特(Democritus of Abdera,古希腊,约前 460—前 370)发展了他的老师留基伯(Leucippus of Miletus,古希腊,约前 500—前 440)的原子论思想,提出朴素的原子说,认为宇宙万物都是由大小和质量不同的、不可破的、运动不息的原子组成. 并认为宇宙间除了原子和虚空,不存在其他任何东西;原子从亘古以来就已存在,原子在数量上是无限的,在形式上是多样的…… 德谟克利特的原子论包含着丰富的内容,是对古希腊自然哲学成就的一次大综合,对以后自然科学的发展有着不可估量的影响.

以上东、西方古代哲人提出的种种看法,尽管观点不同,但指导思想是一致的,都主张把万物分割成某一个或某几个最小的单元. 不过,这些主张,基本上都只是停留在哲学思辨上,缺乏必要的、充分的实验论据,由于当时生产力低下,都没有得到发展.

(2) 认识物质结构的第一层次 —— 分子*

对分子的真正确认,可以认为是近代科学界对物质结构认识的第一层次,差不多经历了一个世纪的时间. 对它的认识大体上经历了

---

* 这里对物质结构分为五个层次,系采用教育部师范教育司组织编写的《20 世纪物理学概观》(上海科技教育出版社,1999 年 9 月 1 版)中的说法.

这样三个主要的阶段:

道尔顿的新原子论 → 阿伏伽德罗的分子假设 → 佩兰实验

道尔顿的新原子论

19世纪初,英国化学家道尔顿(J. Dalton,1766—1844)通过对大气的成分、性质以及气体的扩散和混合现象的研究,提出了他的原子论(称为新原子论). 道尔顿认为,一切元素都是由不可分割的原子组成的,各种元素的原子有不同的形状、性质和质量;不同元素的原子以简单整数的比例相结合就形成各种化合物的原子(复杂原子). (当时还没有"分子"的概念.)

道尔顿的新原子论,继承了古代朴素的原子论思想,把宏观的整个物体看成能分割开来的许多微小的独立的"原子"的集合. 为了解释气体的压强随温度升高的现象,他设想气体原子是由一个硬核和包围着核的一层"热雾"所组成的. 这种热雾的作用使原子间相互排斥,温度升高,热雾增多,原子间的排斥作用增强,于是气体的压强就增大. 道尔顿还根据同种物质的原子互相排斥、不同物质的原子不会互相排斥的假设,解释了混合气体的压强(称为道尔顿分压定律——混合气体的压强等于各种气体单独产生的压强之和),不过,道尔顿的原子论在解释气体化合时的体积之比,确定化合物中原子的组成以及原子量的测定等问题上遇到了不可克服的困难.

阿伏伽德罗的分子假设

1811年,意大利物理学家阿伏伽德罗(A. Avogadro,1776—1856)针对道尔顿原子论出现的矛盾,引入了"分子"概念. 他认为,任何物质都是由大量的能够独立存在的分子所组成的;分子是由原子组成的,同种元素的原子组成单质分子,不同元素的原子组成化合物分子;分子是保持物质性质的最小微粒,参与化学反应的最小微粒则是原子. 他还提出了"任何气体,在同温、同压、同体积下含有相同的分子数"的假设.

可是,一种新概念要求科学家接受并非易事,阿伏伽德罗的分子假设,受到包括道尔顿在内的许多化学家们的反对.因此,阿伏伽德罗随后在1814—1821年间,又连续发表两篇论文,进一步阐述他的观点.遗憾的是,尽管阿伏伽德罗作了再三努力,直到他于1856年逝世,还是没有如愿,分子假设在科学界被整整地冷落了50年.俗话说,"是金子总会发光".后来,随着分子运动论的发展和化学上拒绝分子假设所陷入的愈来愈严重的混乱状态,直到1860年后,阿伏伽德罗的分子假设才取得它应有的历史地位和普遍的承认.

对分子的继续探索

1905年,爱因斯坦运用统计规律对布朗运动作出了正确的解释.接着,在1908—1910年间,法国物理学家佩兰通过艰苦卓绝的努力,出色地完成了对布朗粒子的测量,得出了三种测定阿伏伽德罗常数的方法,相当于直接证实了分子存在的真实性.从此,分子概念真正地得到了人们的确认.

现在,我们用简单的化学或物理的方法,就可以算出一定量物质中所含有的分子的数量、确定分子的质量和大小.利用扫描隧穿显微镜已经能够直接观察到某些大分子的结构(图2.9).物质是由分子组成的观点已确信无疑了.自然界中千姿百态、五光十色的物质,都是由各种各样的分子组成的.

图2.9　用扫描隧穿显微镜观察到的DNA(脱氧核糖核酸)大分子结构图

不过,对分子的认识并不是说完全清楚了,科学探索的脚步一刻也没有停止,随着观测手段的日益进步,新的发现、新的成果接踵而来.例如:

1999年,欧洲的一个科学家小组发现了一种分子,呈环状,能在周围分子环绕形成的空腔内旋转——科学家们把它称为"分子轮".这种极微小的分子轮,说不定有朝一日或许能够成为无需加润滑油的微型马达的一部分呢!

平时我们最习以为常、结构很简单的水,大家都知道它是由两个氢原子和一个氧原子结合而成的(H_2O),那么它们究竟是怎样结合成水的呢?2014年1月中旬,我国科学家取得重大突破,首次拍摄到水分子的内部结构,可以为探究水的氢键网络构型提供依据.

1959年,美国著名物理学家费恩曼曾经做过一个题目为"底层还有好多空地"的演讲.费恩曼的演讲很有预见性,他把分子世界看作是创造新型机械、新型构件的潜在的建筑场地,人们在那里可以发明用于特定任务的微型设备.在人体中会出现分子尺寸的修补匠.无限小的计算机可以控制这个世界……微观分子世界是一个跟外部空间一样广大的王国.

可以预料,随着研究领域的不断拓展,分子世界隐藏的许多耐人寻味的奥秘必将不断地被人们所认识和利用.

(3) 认识物质结构的第二层次——原子

对原子切了第一刀

两千多年前,古希腊哲学家德谟克利特把组成物质的小颗粒取名原子,表示"不可再分者"的意思.这就是说,原子是对物质进行分割的最终界限,它是组成物质的最小、最简单的单元.此后,科学界基本上一直沿袭着这种观点,包括提出新原子论的道尔顿和提出分子假设的阿伏伽德罗.

直到1834年,英国科学家法拉第(M. Faraday)从实验中得到电解定律,提出离子导电的概念,才开始动摇了原子不可被分割的观点,不过,法拉第当初并没有对此深入研究下去*. 1881年,德国物理学家亥姆霍兹(H. Halmholtz)在访问伦敦的一次演讲中,特别提到法拉第电解定律的意义. 他说:"法拉第最惊人的结论也许是如果我们接受了物质由原子组成的假说,就不可避免要作出结论:不论正电和负电,都可分成单元,其行为如同电的原子."

以后,科学上又有了两个偶然的重大发现——1895年,德国物理学家伦琴(W. K. Räntgen)发现了X射线;1896年,法国物理学家贝克勒尔(H. A. Becquerel)发现了放射性现象,称为"贝克勒尔射线". 由于X射线和贝克勒尔射线都来自原子本身,因此这两个发现无疑又一次动摇了原子不可被分割的观点.

不过,真正在原子精细躯体上成功地切了第一刀,还得归功于著名的英国物理学家汤姆孙(J. J. Thomson). 他通过对阴极射线的研究,在1897年证实了阴极射线是一束高速的带负电的粒子,并测出了这些粒子的比荷(e/m). 从而,原子不可被分割的神话被彻底粉碎了,这意味着原子并不是组成物质的最小微粒,在原子中存在着更小的物质单元,这个单元后来被称为电子.

原子模型的演化

世纪之交物理学家对X射线、天然放射性现象、电子的三大发现,震惊了科学界,也完全证实了恩格斯的预言:"原子决不能看作简单的东西或已知的最小的实物粒子."对原子结构的研究已历史地推到了物理学家面前.

从19世纪末开始,一些物理学家从不同的角度提出了不同的原

---

* 本节中有关法拉第电解实验、伦琴射线、汤姆孙实验、α粒子散射实验、卢瑟福模型、玻尔模型以及下节中质子与中子的发现等内容,请结合参考本丛书《猜想与假设》和《模型》这两册的相关部分.

子结构模型.影响最大的就是汤姆孙在1904年提出的正电子球模型（即原子结构的实心球模型）.他设想原子是由带负电的电子与另一部分带正电的主体组成的.带正电部分的主体像流体一样均匀地分布在球形的原子体积内,而带负电的电子,则像葡萄干一样"浸浮"在球体内某些固定的位置上.这个模型就被称为"面包夹葡萄干模型".

原子果真是这样的结构吗？实验是最好的鉴定师.1911年,汤姆孙的学生卢瑟福(E. Rutherford)为了验证汤姆孙模型的正确性,带领助手做了一个著名的α粒子散射实验——他们使从某些放射性元素中自行发出的高速α粒子,穿过很薄的金箔,结果出现了意想不到的现象,即实验中观察到的大角度散射的百分比远远超过汤姆孙模型的计算值,甚至还出现了α粒子会发生反弹的现象.

卢瑟福为了解决这个矛盾,他结合实验结果并进行了理论计算,于1911年提出了原子的有核模型（或称为行星模型）——在原子的中心有一个带正电荷的核,它的质量几乎等于原子的全部质量,电子在它的周围沿着不同的轨道运转,就像行星环绕太阳运转一样.卢瑟福模型使人们对物质结构的认识推进了一大步,更逼近了客观实在.

不过,卢瑟福模型也存在着原子结构的稳定性、原子光谱等方面与实验事实的矛盾,1913年,丹麦物理学家玻尔提出了能量和轨道量子化的氢原子模型.这是一个半经典半量子化的模型,虽然能够圆满地解释氢原子,却在多电子的复杂原子面前遇到了困难.

后来,随着量子力学的建立,在1927—1935年期间,物理学家又提出了电子云模型,这就是现代的原子模型.它指出原子核外的电子与原子核之间的距离并不是固定不变的,电子可以处于原子核外各个不同的位置上,只是在离开原子核不同的地方出现电子的概率不同（图2.10）.可见,现代的原子模型完全摒弃了传统的"轨道"模式,换以概率分布的电子云的概念.

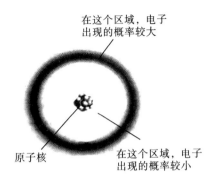

图 2.10　核外电子的概率分布

归纳起来,人们对原子结构的认识、演变过程,大体可以表述如下:

电子的发现 → 实心球模型 → 有核模型 → 分立轨道模型 → 电子云模型

随着实验和理论的发展,人们所提出的原子结构模型,越来越接近于原子的真实面貌.显然,肇始这一切的正是从原子身上分割出来电子的缘故 —— 汤姆孙对原子切下的第一刀功不可没.

(4) 认识物质结构的第三层次 —— 原子核

在卢瑟福的原子模型中,位居中央的原子核仅占整个原子体积极小一部分.卢瑟福根据理论估算出原子直径的数量级约是 10^{-10} m,原子核直径的数量级仅为 10^{-15}—10^{-14} m.在这么小的体积内却集中了原子的全部正电荷和几乎整个原子的质量,太让人不可思议了!物理学家很自然地会想到这样的问题:原子核内究竟蕴藏着什么?原子核是否可以再一次地被分割?……由于原子核是如此的微小,要想实现核的分割,必须寻求新的手段.

质子与中子的发现

1919 年,卢瑟福巧妙地用天然放射性元素镭放射的 α 粒子去轰击氮原子核,发现能打出一种新的粒子,后来证明它就是氢原子核,卢瑟福把它称为质子.这是世界上最早实现的人工核反应,也是人类

有史以来首次通过有意识的行为成功地改变了原子核. 它的核反应方程是

$$_{7}^{14}N + _{2}^{4}He \rightarrow _{8}^{17}O + _{1}^{1}H(质子)$$

卢瑟福在论文中写道："……氮原子（核）由于在与快速α粒子相碰时所产生的巨大的力的作用而解体，而此时释放出的氢原子（核）乃是氮核的组成部分." 似乎坚不可摧的原子核终于又被分割了，原子核中包含着质子的看法很快被物理学家所接受.

当时，不少物理学家认为，原子核是由带负电的电子和带正电的质子所组成的. 一个质量为 A、核电荷数为 Z 的原子核，核内有 A 个质子、$A-Z$ 个电子. 例如，$_{7}^{14}N$ 应该有 14 个质子，7 个电子. 但是，人们很快就发现，原子核的"质子-电子"组成假设存在着严重的困难，使人们怀疑原子核内可能存在其他粒子.

1920 年 6 月 3 日，卢瑟福在伯克利讲座的著名报告中最先提出了原子核内存在中性粒子的假设. 卢瑟福说："这种原子*的存在对于解释重元素的原子核的组成看来是必不可少的."

1932 年，坚信卢瑟福预言的查德威克(J. Chadwick)终于从实验中发现了中子.

原子核的结构

中子的发现，无疑使人们对原子核有了新的认识. 同年，苏联科学家伊凡宁科(D. Ivanenko)指出："原子核仅由中子和质子所构成，不含电子." 德国物理学家海森伯(W. K. Heisenberg)同样看出了中子的重要地位，指出原子核内只包含质子和中子，并预言了各种原子核的质量、电荷、自旋、磁矩、统计规律等.

由于原子核由质子-中子构成的(p-n)理论，能够克服质子-电子构成的(p-e)理论所引起的一系列困难，因而很快被物理学界所公

---

* 即中性粒子——作者注

认,并且一直延续至今还被人们成功地应用着.

那么,原子核内的质子和中子(统称为核子)在核内是如何分布的呢? 从 20 世纪 30 年代以来,物理学家根据一系列有关的实验事实,曾经提出过多种核模型. 例如:

液滴模型(1636 年)——把原子核看成是一个密度很大的"液滴",各个核子像水滴中的分子一样,可以在核内随意运动.

壳层模型(1948 年)——认为原子核内的核子像核外电子一样,也是分层分布的.

集体模型(1952 年)——在壳层模型中,把原子核当作球形来处理,但实验结果证明,并非如此简单. 因此,后来又提出集体模型,认为原子核内的核子除个别运动外,还应该考虑它们的集体运动(包括集体振动和集体转动).

……

这些模型都只能部分地解释原子核的行为,直到目前为止,物理学家对原子核的微观机理并没有完全认识清楚. 并且,新的事实还在不断涌现——例如,继 1993 年发现镭 226 是一种呈梨形的原子核后(图 2.11),2013 年,英国物理学家利用设在瑞士-法国边境地区的欧洲核子中心(CERN)的 ISOLDE 同位素分离器装置进行了研究,又发现两种新的呈梨形的原子核,即氡 220 的原子核和镭 224 的原子核,完全颠覆了传统的原子核呈球形的概念. 所以,对原子核的结构及其运动规律的探索,仍然是人们未来的一个重大课题.

图 2.11 呈梨形的原子核

(5) 认识物质结构的第四个层次 —— 基本粒子*

小介子化解大难题

当物理学家承认了原子核的p-n结构理论后,必然会遇到这样一个前所未有的难题:原子核很小,质子都带有正电荷,那么它们相互间究竟是依靠什么作用才能紧紧地团聚在一起呢?

我们知道,根据量子辐射原理,两个电子之间的电磁相互作用是依靠光子传递的.日本物理学家汤川秀树由此受到启发,在1934年提出介子场理论.汤川认为,强大的核力(把核子结合在一起的力)起源于一种叫作介子的粒子(现称为π介子).例如,一个中子(n)发射一个带负电的π介子(π^-)而变为质子(p),另一个质子吸收这个介子(π^-)而变为中子(图 2.12).

图 2.12　核子间交换介子

这种介子与传递电磁相互作用的光子相比较,有三个鲜明的特点:

① 它与核子间的作用比光子与电子间的作用(电磁作用)大100多倍,是一种强相互作用;

② 它是一种短程作用,作用力仅限于10^{-15} m的范围内;

③ 由于核子有的带电(p),有的不带电(n),因此这种介子也应该有三种荷电状态,即 π^-、π^0、π^+.

---

* 这里为了便于表述,对文中这些粒子仍然沿用"基本粒子"的名称(不同于粒子物理标准模型所说的"基本粒子").如今,物理学界倾向于把以前称作"基本粒子"的物质,统称为粒子(或亚原子粒子).也有越来越多的物理学家认为,基本粒子的提法并不正确,物质结构在不同的能量尺度上有不同的层次,最终的层次很可能不存在.

汤川的介子理论当时很成功地解释了核的结构,受到物理学家的普遍赞同.汤川还从理论上估算出介子的质量约为电子质量的200多倍.那么究竟有没有这种粒子呢?于是,人们开始了反复的寻找.直到1947年,英国物理学家鲍威尔等人利用将核乳胶(一种特制的照相底片)用气球送入高空记录宇宙线,终于捕捉到了这种介子.

打开了粒子王国的大门

不过,后来人们发现汤川的理论并不完善.为了进一步弄清楚核子与介子的相互作用规律,从20世纪40年代末起,物理学家开始建造高能粒子加速器(图2.13),希望通过人为制造的"炮弹"——高速的带电粒子去轰击靶核,能够更多地获取微观粒子的信息.

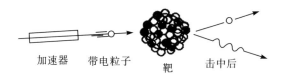

图2.13　利用加速器探究微观世界的示意图

回顾一下从卢瑟福发现质子所进行的第一个人工核反应起,为了获取微观粒子的信息,起初人们所采用的手段只有两种:

① 利用天然放射性元素发出的粒子——例如,在卢瑟福和查德威克的实验中,都是依靠从天然放射性元素发出的高速 α 粒子去轰击原子核,从而发现了质子和中子.

② 利用宇宙射线——例如,1932年发现的正电子,1937年发现的 μ 介子以及1947年发现的 π 介子等,都是宇宙线的功劳.

显然,这两种手段都比较"被动",不仅无法自主地控制发射粒子的能量,而且粒子的能量也不够大.

目前世界上最大的欧洲核子中心的大型强子对撞机(LHC)工作模式示意图如图2.14所示.

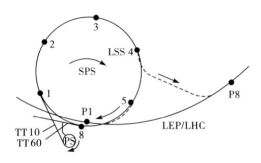

图 2.14　目前世界上最大的欧洲核子中心的大型强子对撞机(LHC)工作模式示意图

两束质子首先由能量为 50 MeV 的直线加速器产生,经能量为 1 GeV(1 G = 1 000 M)增强器加速后,注入能量为 26 GeV 的质子同步加速器(PS),加速后再注入能量为 450 GeV 的超级加速器(SPS).两束质子经 SPS 加速后,一束从 SPS 环上"4"处引出,另一束从"5"处引出,分别在 LHC 环的 P8 处和 P1 处注入,并沿逆时针方向和顺时针方向回旋,实现对撞.

因此,加速器的出现,立即成为探究微观粒子的有力武器,并且随着加速器技术的发展,加速粒子能量的提高,迅速取得了令人瞩目的成果,至 20 世纪五六十年代,已经发现了令人眼花缭乱的一大批微观粒子. 人们绝对不会想到,竟然在原子核线度大小的范围内,隐藏着一个巨大的粒子王国. 这里除了已知的 p 和 n 外,还有 μ 子、π 介子、K 介子、Λ 子、Σ 子、Ξ 子以及它们的反粒子和各类中微子等. 如今,包括"偶露尊容"的正反粒子在内超过了 800 种. 加速器已经为认识和研究物质结构的第四个层次立下了汗马功劳.

(6) 认识物质结构的第五个层次 —— 夸克

四 类 粒 子

加速器的出现,使人们一下子认识了许许多多的粒子. 为了研究的方便,物理学家根据各种粒子所参与的相互作用的不同,把它们分成四类*：

强子——参与强相互作用的粒子.除最常见的质子和中子外，还有各类介子(如π介子、K介子)和Σ超子、Λ超子等400多种粒子.

轻子——不直接参与强相互作用，而是直接参与弱相互作用的粒子.除最常见的电子外，还有如μ子、τ子和中微子(电子中微子、μ中微子和τ中微子)以及各自的反粒子等12种粒子.其中的μ子和τ子的质量比电子大，二者俗称重电子(或超重电子).目前均尚未发现轻子有内部结构.

传播子——传递相互作用的粒子.如传递电磁相互作用的光子，传递强相互作用的胶子，传递弱相互作用的中间玻色子$W^{\pm}$和Z^0等4种粒子.

引力子——传递引力作用的粒子(目前尚未发现).

三声夸克震惊世界

在20世纪30年代，人们知道比原子小的粒子仅有电子、质子、中子和光子，认为它们是建造物质大厦的四种基本砖石，曾经把它们称为"基本粒子".如今随着粒子王国大门的打开，一下子认识了这么多的强子，难道它们都是"基本"的吗？

这是进一步探索物质深层次结构的问题，非常诱人.从20世纪50年代起，人们通过电子散射的实验表明，强子都不是点粒子，它们是有内部结构的.例如中子，虽然整体上呈电中性，但实验表明其内

---

* 夸克模型提出后，粒子物理形成了一个标准模型，它是一套描述强力、弱力及电磁相互作用和组成物质的基本粒子的理论.标准模型认为物质世界由62种基本粒子组成，这62种都是没有内部结构的点粒子.这62种基本粒子可以分为三大类：(1) 规范玻色子，包括8种胶子、光子、$W^{\pm}$、Z^0粒子和引力子等13种；(2) 费米子，包括轻子和夸克及其反粒子，共48种；(3) 希格斯粒子(又称为上帝粒子，用于解释产生质量的原因，于2012年7月4日被欧洲核子研究中心通过大型强子对撞机实验确认).现在除引力子尚未发现外，其余61种粒子都已被实验所证实.由于本节的主题是从分割的意义上认识物质结构层次，跟粒子分类的关联性不大，为便于高中学生阅读，依然采用早些时候对粒子的分类.

部有正电和负电的一定分布.

那么,强子是由什么更小的"东西"组成的呢?这意味着需要对强子进行分割.这个课题立即吸引了人们的眼球,不少物理学家都做过不同的尝试,试图从理论和实验中寻找更基本的粒子,可惜都没有成功.在分割强子的艰难征途上,首先取得突破性进展的是美国物理学家盖尔曼.

人们依稀记得,在19世纪60年代化学发展的早期,化学家们面对日益丰富的各种元素性质繁杂纷乱的资料,很难从中得到清晰的认识.后来,俄国化学家门捷列夫通过对众多元素性质的分类、比较,从而发现了元素周期表,才揭示出物质世界的秘密.

盖尔曼也许受到门捷列夫的启发,他另辟蹊径,选择一条区别于当时许多物理学家的探索之路——暂时先舍弃对强子组成成分的找寻,而是把注意力集中在对大量已知强子的分析、归类和排列.他希望先找出它们共同的规律,然后再设法进一步探索强子的内部结构以及形成这种内部结构的力的特征.盖尔曼通过对当时已发现的300多种粒子进行非常繁复和艰辛的探索,终于获得了成功,他于1964年提出了强子结构的夸克模型.

盖尔曼认为,每种强子都由三个更为基本的微小粒子组成(分别用小写英文字母u、d、s表示).这里的每一种粒子都有三种特殊的内部参数(用"色"表示),而每一种色又有三种特殊的内部区别(用"味"表示).由于强子的这种组成似乎与"三"字结下了不解之缘,具有幽默性格的盖尔曼想起了爱尔兰诗人詹姆士·乔伊斯在那首《芬尼根彻夜祭》长诗中有"三声夸克"一句,于是他就把这种更为微小的粒子命名为"夸克"*.如图2.15和图2.16所示.

---

* "夸克"原本是古代的象声词,意为海鸟的叫声.

2 分割与积累思想在科学认识中的作用

图 2.15　中子包含两个下夸克和一个上夸克

图 2.16　质子包含两个上夸克和一个下夸克

他认为夸克之间依靠交换胶子紧密地结合在一起,也就是说,胶子就相当于夸克间相互作用的量子,跟电磁作用中的光量子一样.这三种夸克和它们的反粒子以各种不同方式组合成的复合态成为各种不同的强子."夸克"模型最独特之处,就是它们的电荷数破天荒地具有分数值,如 $+\frac{2}{3}e$ 或 $-\frac{1}{3}e$ 等.

夸克模型提出后,有力地推动了人们对基本粒子内部结构的深入研究,取得了很多成果. 1974 年美籍华裔物理学家丁肇中和美国斯坦福大学的里克特在发现 J/ψ 粒子时,确认了一种新的夸克——粲夸克(c),带电量为 $\frac{2}{3}e$. 1977 年,莱德曼等人又确认了一种夸克——底夸克(b),带电量为 $-\frac{1}{3}e$. 后来,人们又根据对称性确认了第 6 种夸克——顶夸克(t),带电量为 $\frac{2}{3}e$. 如今,人们已经普遍接受了夸克模型,被科学家确认的共有 6 种夸克以及它们的反粒子. 盖尔曼也因这一卓越贡献荣获 1969 年度诺贝尔物理学奖.

夸克层次(包括轻子、传播子)是目前探测到的物质结构的最深层次,它们是否有内部结构还不清楚.

夸克禁闭之谜

自从盖尔曼的"夸克模型"提出后,物理学家就一直在进行着探

索,希望能够像电子和中微子等粒子一样,"捕捉"到夸克.可是,半个多世纪过去了,却依然没有什么结果,始终找不到自由的夸克,这使人们陷入了困境:一方面,科学上已经有大量的实验和理论依据,人们几乎一致地认同它是组成基本粒子的单元;另一方面,它又像幽灵一般,迄今为止,科学家无论是在宇宙线里、加速器上还是自然界中,通过各种实验始终无法找到自由的夸克.

这真是一个不解之谜.形象地说,组成强子的三个小家伙好像被关在一个半径很小又很深的"陷阱"里,尽管它们在里面显得相当自由,可就是不让跑出来,就像被软禁起来一样.于是,人们就用"夸克禁闭"来称谓这个不解之谜.目前物理学家对夸克禁闭有着两种不同的观点:

一种观点认为,由于夸克结合成某些基本粒子时的结合能太大了,目前的设备还没有足够大的能量把夸克分离出来.这种说法似乎也不无道理.以往的经验告诉我们,随着对于微观世界更深层次的探讨,所需要的能量也越来越大.例如,把一般原子中的外层电子分离(电离),仅需要几个或几十个电子伏特的能量;把原子中内层电子分离出来,需要几千电子伏特的能量;要把天然稳定的原子核分裂,就需要几百万电子伏特的能量;要从原子核中把核子分离出来,则需要几亿电子伏特的能量.由此可见,要从强子中把夸克分离出来,它所需要的能量必然极为巨大,目前还缺乏技术条件.

另一种观点认为,夸克只能永远被囚禁在强子内部.1974年美国麻省理工学院的几位物理学家提出了一个大胆的假设,认为夸克被囚禁在一个有限体积的口袋里,不准夸克穿出口袋.也有物理学家认为,即使打碎一个强子,它的每一个微小的碎块也并不是组成它的单个夸克,而仍然是由几个夸克组成的新粒子.这种情况很像把一块条形磁铁不断地一分为二后,仍然会有南北两极一样,永远不可能得到只有一个极的"磁单极子".所以,夸克也只能永远被禁闭起来.

未来的展望

"夸克禁闭"是一个重大的科学疑难,围绕着"夸克禁闭"可以引发出许多值得探讨的问题.它或许会超越当年"两朵乌云"所产生的巨大影响,将在物理学界乃至整个现代自然科学界掀起一场翻天覆地的革命.

"分割"的含义,人们通常都理解为将一个整体分为组成其单元的意思.如果我们把探索物质结构的方法理解为分割粒子的话,分割强子就是将强子分为组成它的夸克,那么以目前的理论和实验研究成果来说,这样的分割是不可能的.今后,随着实验条件的进一步发展,可以期待在夸克-轻子层次必然还会发现新现象、可能会产生新粒子,对这一层次的内涵会有更深刻的揭示.

19世纪时,恩格斯曾赞誉地球上最美的花朵是人类"思维着的精神",让我们在探索物质结构的未来征途上,使这花朵开放得更鲜艳些吧!

2.3 建立科学的度量体系

度量是科学发展的基础.物理学从早期的零星经验发展成如今门类齐全、分支众多、精密定量的一门科学,与度量的发展是分不开的.英国著名物理学家开尔文(威廉•汤姆孙)(L. Kelvin,即 W. Thomson)说过:

"我经常说,当你能够量度你所讲到的东西,并且能够用数来表示它的时候,那你对于它就有所了解了;如果你不能用数来表示它,那你的知识便是贫乏的和不能令人满意的;它可能是知识的开始,但无论如何,在你的思想上很难进入科学的阶段."

为了进行度量,必须要选定单位和制作量具,它们都离不开分割.量具的制作就是按一定的物理原理在度量范围内作均匀或不均匀分割的结果(如温度计的刻度是一种均匀分割,欧姆表的刻度是一种不均匀分割).单位制的建立实质上就是标准量的选择和合理分割的结果.

随着科学技术的不断发展,标准量的选择越来越科学,对标准量的分割也越来越系统,越来越统一.

下面,我们从长度、时间、温度这三个基本物理量单位制的建立过程中领会一下分割思想在单位制建立中的作用.

(1) 长度单位的形成与发展

相传,古代英、法商人常为长短问题争吵不休.这件事被英国查理曼大帝知道后,他把自己的脚一伸说:"我的足长就是一尺".于是,一个长度单位——英尺就形成了.人们再将英尺作等距分割,称其$\frac{1}{12}$为1英寸,这样就构成了一套英制长度单位.

我国夏禹以自己身高定为一丈,一丈的$\frac{1}{10}$定为1尺.也形成一套中国制长度单位.

由于科学技术的发展,对测量精确度的要求日益提高,英制和中国夏禹长度单位的随意性已不能满足需要.必须实现计量单位的国际标准化、通用化、精确化.

1791年,法国巴黎立法会议确定以通过巴黎的地球子午线长度的四千万分之一作为长度的单位,称为"米".1889年,在第一届国际计量大会上,决定正式采用"米"为长度单位,并确认由瑞士SIP工厂制造的国际米原器为长度的基准器保存在巴黎的国际计量局.国际米原器用铂铱合金(铂占90%,铱占10%)(图2.17)为材料,制成一根截面为"X"形的棒,上面镌有几个大

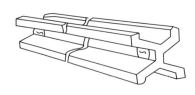

图 2.17　铂铱米原器

字:"永远为人类服务."这个米标准的不确定度为 $\pm 1 \times 10^{-6}$.

对米作等距分割,其 $\frac{1}{10}$ 为分米(dm)、$\frac{1}{100}$ 为厘米(cm)、$\frac{1}{1\,000}$ 为毫米(mm)……这样就得到一套国际单位制的长度单位.显然,这套长度单位实际上是以通过巴黎的子午线长为标准量,然后通过对标准量作 4 000 万份的等距分割而形成的.

由于铂铱米原器存在着许多缺点,如长期保存不可避免的材料变形、刻度精度不高,一旦毁坏不易复制等,于是人们又设法寻找更为稳定可靠的长度标准.

随着原子结构理论的发展,科学家们发现,原子在两个不同的能量状态(能级)之间跃迁时所辐射或吸收的光的波长是严格确定的.例如,氢原子的核外电子从离核最近的轨道(基态轨道,半径 $r_1 = 0.53 \times 10^{-10}$ m)跃迁到离核较远的第二层轨道(半径 $r_2 = 2.12 \times 10^{-10}$ m)时,必须吸收的光子的波长为 $\lambda = 1.218\,8 \times 10^{-7}$ m.

反过来也一样,氢原子的核外电子从第二层轨道跃回基态轨道时,辐射的光子的波长也一定为 $\lambda = 1.218\,8 \times 10^{-7}$ m.

其他各种不同物质的原子在两种不同能量状态之间跃迁时,都有同样严格的规律.

根据原子系统的这个特点,1960 年第 11 届国际计量大会通过决议,废除了米原器,规定真空中的氪86原子在两个能级 $2p_{10}$ 和 $5d_5$ 之间跃迁时所辐射的橙红色光的波长 λ 的 1 650 763.73 倍的长度为 1 m,即

$$1 \text{ m} = 1\,650\,763.73\lambda$$

这个新标准,相当于把米作 1 650 763.73 个等距分割.采用这个标准,精确度可以达到 $0.001\ \mu\text{m}$,大约相当于一根头发直径的十万分之一,不确定度缩小到 $\pm 4 \times 10^{-9}$.但用它测量地球周长时仍会出现 16 cm 的误差,测量地球与月球的距离误差可达到 1.5 m.

1983年10月在巴黎举行的第17届国际计量大会,对"米"的标准长度进行了第三次修正.确定1米等于$\dfrac{1}{299\ 792\ 458}$ s的时间内光在真空中行程的长度.这样确定的"米"的标准长度与时间"秒"标准密切相关,不确定长度只有1×10^{-10}.米的标准长度的三次修正,虽然对日常生活不会产生任何明显影响,但对现代科学技术有重要意义.

(2) 时间单位的形成与发展

远古时代,人们过着"日出而作,日入而息"的不紧不慢的生活,时间的概念是不清楚的.随着生产的发展和生活的需要,人们开始要求对时间作简单的计量,时间的单位也就应运而生了.

人们首先想到的是用周而复始日出日落的时间为标准,记为一天.然后把一天的时间均分成若干份.中国古人曾用一天中日影的长短表示经过的时间,这种计时仪器称为日晷,如图2.18所示.

公元前2世纪,中国西汉时记载用漏壶(刻漏)计时.它是根据水从壶中小孔均匀滴落时,对一壶水作均匀分割表示时间长短的一种装置(图2.19).开创实验物理的前辈伽利略(G. Galilei)当年作斜面实验时,也曾用类似的装置计时.

图 2.18　日晷

图 2.19　元代的漏壶

2 分割与积累思想在科学认识中的作用

历史上也曾记载有燃香计时. 这是因为无风时香燃烧的速度是均匀的,将香作等距分割,当香每烧过一段,就表示经过一段时间.

直到 1886 年,为了统一时间的量度,规定"真太阳日"为时间标准. 所谓"真太阳日",就是指太阳连续两次通过地球表面某处的经线的时间. 然后将"真太阳日"作均匀分割,其 $\frac{1}{24}$ 等分为"1 h", $\frac{1}{60}$ h 为"1 min", $\frac{1}{60}$ min 为"1 s". 这样,以"真太阳日"为标准量,通过均匀分割的第一套严密的时间单位制就形成了.

后来人们发现,由于地球公转速度的不均匀等原因,"真太阳日"的长短并不相同. 一年中最长和最短的一天相差达 51 s. 因此又提出以"平均太阳日"作为时间的标准. 所谓"平均太阳日"就是设想地球的公转是均匀时,太阳连续两次经过同一子午线的时间. 将"平均太阳日"作等时分割,其 $\frac{1}{86\ 400}$ 称为 1 个"平均太阳秒".

现在通用的计时系统有三种:世界时 UT、历书时 ET、原子时 AT.

世界时是根据地球自转以英国格林尼治的地方时间为起点,按各地的经度向后推移,所用的单位是平均太阳时. 这是一切民用时间的标准.

历书时是由日、月和行星的运动确定的,不依赖于地球的自转. 1955 年第九届国际天文协会规定:采用 1900 年 1 月 1 日零时开始的回归年的长度作为时间的基本单位. 1 历书时秒等于 1900 年开始的回归年的 $\frac{1}{31\ 556\ 925.974\ 7}$. 历书时常用于天文年历中.

原子时是由原子的振动频率确定的,与地球及太阳的运动无关. 从 1955 年起,在精密的天文测量中和高科技中已经引用了原子时. 1967 年规定以铯-133 原子基态的两个超精细能级之间跃迁所对应辐射的 9 192 631 770 个周期的持续时间为 1 原子秒. 人们称它为铯原子钟. 它的稳定性极高, 相对变化只有 10^{-13}—10^{-14}.

(3) 温度单位的形成与发展

物体冷热程度的定量表示和测量, 是热现象研究中首先遇到的问题.

图 2.20

历史上, 伽利略首先制成了第一个温度计(图 2.20). 它是根据球形玻璃容器中空气的热胀冷缩使细管中水的高度发生变化来反映环境的冷热程度的. 不过, 这个温度计没有实用意义, 不仅因为气压的变化常会造成误判, 而且没有必要的基准点.

当时, 制作温度计存在的主要问题有:

① 如何选择某些基准温度;

② 需要找寻合适的测温物质.

因为那时人们已知道物质的熔点是不变的, 于是就以此作为基准点. 譬如, 1703 年, 牛顿用亚麻子油作为测温物质, 把雪的熔点作为亚麻子油温度计的 0°, 把人体温度作为另一个基准点, 记为 12°, 在 0°—12° 之间作均匀分割, 表示相应的温度.

在科学史上, 制成第一个实用的温度计并首先规定一套温标体系的是荷兰的吹玻璃工匠华伦海特(G. D. Fahrenheit). 他从 1709 年开始先制成以酒精为测温物质的酒精温度计, 后又制成水银温度计. 他把一个大气压下冰的熔点定为 32 ℉, 水的沸点定为 212 ℉, 其间等距分割成 180 等份, 每 1 等份为 1°. 这样的温度体系称华氏温标*.

1742 年, 瑞典天文学家摄尔修斯(A. Celsius)也用水银作测温

---

* 华氏温标的零度, 华伦海特规定为冰、水、氨水和盐按适当比例混合后的温度.

物质并引入百分刻度法,将1大气压下冰的熔点定为0 ℃,水的沸点定为100 ℃,这样的温标体系就是通用至今的摄氏温标*。

后来,随着热学研究的发展,人们发现,上述温标的建立都会受到温度计的材料和工作介质的影响,用不同的材料作测温物质,除了0 ℃和100 ℃两点相同外,其他各点均不相同.

"有没有能够据以建立一种绝对温标的任何原则?"1848年,开尔文在一篇论文中提出了这样一个问题. 也就是说,希望能确定一种原则,以此建立的温标可不受测温物质和工作介质的影响,具有更客观、更普遍的特性. 开尔文在卡诺(S. Carnot,法国)和克拉珀龙(B. P. E. Clapeyron,法国)对热机理论研究的基础上,进一步指出了这种温标应具有的特点:

"这一温标系统中的每一度都有同样的数值;也就是说,只要一单位热从温度为T的物体A传至温度为$T-1$的物体B,不论T是什么数值,都将给出同样数量的机械效应. 这样的温标应当称为绝对温标,因为这个温标的特点是它完全不依赖于任何特殊物质的物理性质."

开尔文通过研究,根据当时所用的气体膨胀系数,确定-272.85 ℃为这种温标(绝对温标)的零度,并规定绝对温标的每一分度与摄氏温标的每一分度相同,因此绝对温度和摄氏温度数值间的换算关系为:

$$T = t + 272.85 \text{ K}$$

1954年国际计量大会决定以水的三相点(即冰、水、水汽共存的温度)为测温的一个基准点,规定它的数值为273.16 K. 换言之,规定了绝对温标的零度为-273.16 ℃(图2.21). 于是,绝对温度(T)与摄氏温度(t)间的换算关系为:

---

* 摄尔修斯当初把水的沸点定为0 ℃、冰的熔点定为100 ℃,后来他的学生把它们对调过来.

$$T = t + 273.16 \text{ K}$$

图 2.21

绝对温标又称热力学温标(或开氏温标). 1960 年国际计量大会把它作为物理学的基本单位之一.

2.4 提供实验设计的依据

"积累"是一种很有用的实验设计思想. 物理学中, 当遇到有些物理量在一次实验中难以准确测量, 有些物理量根本无法直接测量, 或者有些现象并非是个别的行为时, 常常需要采用将它们积累后进行测量或显示的方法.

例如, 为了测量细金属丝的直径, 没有螺旋测微器时, 可以在铅笔上密绕若干圈, 由金属丝圈的总长度测出其直径; 为了比较准确地测量单摆的振动周期, 可以测量振动若干次的总时间后算出振动一次的时间(周期); 为了测量干涉条纹的宽度, 可以先测量若干条纹的总宽度再算出每一条的宽度; 为了显示分子间的相互作用, 可以将个别分子的微观作用积累后转化为宏观效应等. 类似这样的情况, 都渗透着"积累"的思想方法或应用了"积累"的结果, 才完成了实验的设计和测量.

下面, 以几个比较典型的实验, 进一步体会一下"积累"在物理实验中的应用.

(1) 用油膜法测分子直径

分子很小, 它的直径用机械式量具是无法直接测量的. 在物理中, 为了测量它的直径, 常常采用把许多个分子积累起来的方法. 油膜法就是基于这样的思想所设计的一个实验.

将一种有机化合物——油酸($C_{17}H_{33}COOH$),先用酒精稀释成油酸酒精溶液,实验时,取一小滴油酸酒精溶液滴在水面上. 由于酒精溶于水,并很快挥发,而油酸分子的酸根(COOH)对水有很强的亲和力,就使这一滴油酸在水面上散开形成薄膜. 当油膜的面积不再增大时,就可以认为它是一层单分子的薄膜了. 测量出这一层油酸所扩散出来的面积 S,设这一滴油酸酒精溶液中所含油酸的体积为 V,则油酸分子的直径为

$$D = \frac{V}{S}$$

具体实验中,为了便于测量油膜的面积,可先在水面上均匀地撒上一层痱子粉或石膏粉,用注射器(或小滴管)将一滴油酸酒精溶液滴在水面上. 当油膜面积稳定后,将玻璃板(或有机玻璃板)放在浅盘上,并在玻璃板上描出油膜的形状,然后利用坐标纸算出油膜面积. 如图 2.22 所示.

图 2.22　油膜法估测分子直径

假设油膜在小方格纸上占有 n 格(计算时,小于半格的舍去,大于半格的算一格),每个小方格的面积为 l^2 cm^2,则油膜面积为

$$S = nl^2 \text{ cm}^2$$

如果实验中吸取 1 cm^3 的油酸酒精溶液可均匀滴出 N 滴,稀释后的油酸酒精溶液浓度为 0.5%,则一滴溶液中油酸的体积为

$$V = \frac{1}{N} \times 0.5\% \text{ cm}^3$$

所以,油酸分子的直径为

$$D = \frac{V}{S} = \frac{\frac{1}{N} \times 0.5\%}{nl^2} \text{ cm} = \frac{1}{nNl^2} \times 0.5\% \text{ cm}$$

很显然，实验中并没有直接对某个分子进行测量，而是测量了大量分子积累后的表现.

（2）密立根油滴实验

在物理学史上，密立根油滴实验占有非常重要的地位. 它一箭双雕地既证实了电荷的颗粒性，又测定了电子电量.

由于电子的电量很小，直接测量是非常困难的. 密立根巧妙地避开这个困难，设法测量许多个电子电量积累的结果——通过测量油滴的电量，算出电子的电量.

实验装置

这个实验的装置如图 2.23 所示，主要由油滴盒、测量显微镜和电源三部分组成.

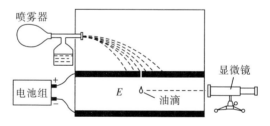

图 2.23　油滴实验装置

实验中，通过喷雾器向透明的油滴盒喷入雾状的带电油滴——油滴在喷射粉碎的过程中，由于相互摩擦因此会带电. 带电油滴从上板小孔飘入两板间，将受到电场力的作用，通过改变上下两极板间的电压，可以控制油滴的运动.

实验原理

设油滴的质量为 m、电量为 q，油滴盒上下两板间距为 d，电压为

2 分割与积累思想在科学认识中的作用

U(图2.24),油滴平衡时满足条件

$$mg = qE = q\frac{U}{d} \quad ①$$

在两板间不加电压时,油滴受重力作用会加速下降.由于空气阻力的作用,加速下降一段距离,当油滴的重力与阻力平衡时,就会以速度 v_0 匀速下降(图2.25).根据流体力学中的斯托克斯定律,有

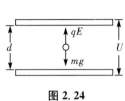

图 2.24

$$mg = f = 6\pi r\eta v_0 \quad ②$$

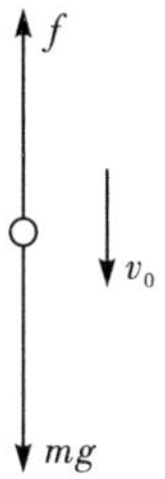

式中 η 为空气的黏滞系数,r 为油滴半径.匀速下降的速度 v_0 可通过测量一段下降距离 l 和时间 t 得到,即

$$v_0 = \frac{l}{t} \quad ③$$

设油滴的密度为 ρ,则油滴的质量为

$$m = \frac{4}{3}\pi r^3 \rho \quad ④$$

图 2.25

由式②、式③、式④得

$$r = \sqrt{\frac{9\eta l}{2t\rho g}} \quad ⑤$$

得油滴质量为

$$m = \frac{4}{3}\pi \left(\frac{9\eta l}{2t\rho g}\right)^{3/2} \cdot \rho \quad ⑥$$

把式⑥代入式①,即得油滴电量为

$$q = \frac{18\pi}{\sqrt{2\rho g}}\left(\frac{\eta l}{t}\right)^{3/2} \cdot \frac{d}{U}* \quad ⑦$$

利用这个公式,就可以算出油滴的电量.并且从这个公式可以看

---

* 由于实验中的油滴半径小于 10^{-6},对空气的黏滞系数 η 应作修正,这里简化了.

出,对油滴电量的测量,除了需要测量电压(U)以外,主要转化为对油滴匀速下降的一段距离(l)和时间(t)的测量.

实验结论

通过这样的方法对不同的油滴进行测量,就可以得到对应的一组组电量.

密立根在1911年的实验中,共测量了1 000多个油滴的电量.其中的一组数据如下所示:

$q_1 = 6.568 \times 10^{-19}$ C　　$q_2 = 13.13 \times 10^{-19}$ C　　$q_3 = 19.71 \times 10^{-19}$ C

$q_4 = 8.204 \times 10^{-19}$ C　　$q_5 = 16.48 \times 10^{-19}$ C　　$q_6 = 22.89 \times 10^{-19}$ C

$q_7 = 11.50 \times 10^{-19}$ C　　$q_8 = 18.08 \times 10^{-19}$ C　　$q_9 = 26.13 \times 10^{-19}$ C

对这样的一组组电量数值进行研究后发现,它们都是某一个电量值的整数倍(这些带电量的最大公约数),这个电量值可以认为就是单个电子电量,也就是基本电荷电量,即

$$e = 1.6 \times 10^{-19} \text{ C}$$

自从1897年汤姆孙通过对阴极射线的研究,从比荷(e/m)的测量中证实了电子的存在后,摆在物理学家面前非常明确的任务就是直接测出电子的电量.为此,许多科学家曾经进行了大量的实验探究,但都没有获得满意的结果.密立根是美国芝加哥大学物理教授,他利用了并不复杂的设备,实验原理也很简洁,巧妙地将微观量转化为对宏观量——油滴电量的测量.从1906至1917年历时11年,他测量了几千个油滴的电量.有时,盯住一个油滴往往得连续几小时,实验工作需要坚强的意志和很大的毅力.终于密立根取得了成功,比较精确地测出了电子电量,证实了电的量子性.密立根的工作一直被认为是物理学的一个光辉典范,他也因对基本电荷和光电效应的实验研究荣获了1923年的诺贝尔物理奖.

(3) 有趣的表面张力现象

神奇的水膜

2013年6月20日,神舟十号太空舱里,由女航天员王亚平主讲、聂海胜做"助教"、张晓光担任摄影师,在距离地球300多千米的太空给千百万中小学生上了别开生面的一堂课.课上所表演的水膜实验,使同学们觉得分外神奇.

王亚平说:同学们,见证奇迹的时刻就要到了.只见她用一个金属圈插入饮用水袋,抽出后立即形成了一个水膜.轻轻晃动金属圈,水膜也不会破裂.再往水膜表面贴上一片画有中国结图案的塑料片,水膜依然完好(图2.26).接着,在第二个水膜上,用饮水袋不断向水膜里注水,水膜很快长成一个晶莹剔透的大水球.最后,注入红色液体,红色慢慢扩散,水球变成了一枚美丽的"红宝石"(图2.27).

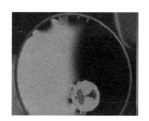 

图 2.26　水膜上的"中国结"　　图 2.27　像红宝石的美丽水球

面对这种从未见过的奇特的现象,同学们兴奋极了,这究竟是怎么回事? 王亚平说:"在太空中,由于处于失重状态,水的表面张力就会大显神威."

表面张力的产生

那么,什么是表面张力呢? 原来,水的表面与内部不同:内部的每个水分子都受到周围其他分子的作用,可以认为都处于力平衡状态,即分子间的引力和斥力大小相等(分子间距为r_0).而在水表面的分子,它们只受到内部分子的作用,相互间的距离比内部稍稍大些

（分子间距 $r > r_0$），因此位于水表面的分子，相互间的分子引力占优势（图2.28）．也就是说，水的表面分子间互相吸引着，因此，水的表面就好像一块张紧的橡皮膜．在物理学中，把水的表面所表现出来相互吸引的力，叫作表面张力．

表面张力的作用，会使水（和其他液体）的表面有收缩到表面积最小的趋势．从几何学知道，各种几何体中球表面的面积最小．在太空的失重条件下，水珠之间没有了重力的挤压，液滴在表面张力的作用下，都形成了最完美的球形．这就是王亚平实验中形成像"红宝石"一样水球的原因．平时我们吹出的肥皂泡呈球形也是这个原因．

显然，水的表面张力绝不是个别分子的作用，而是大量分子相互吸引所表现出来的积累效果（集体行为）．如图2.29所示，在水的表面任意划一条分界线，在线的两侧分子相互吸引力的方向是各不相同的，但积累的效果使得分界线两侧分子形成垂直于分界线的张力——这就是表面张力的一个重要特征．如果分界线越长，参与相互吸引的两侧分子越多，表面张力也就越大——这是表面张力的又一个特征*．从这两个特征，可以进一步认识到水的表面张力就是表面的大量水分子相互吸引积累的结果．

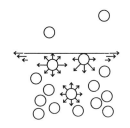

图2.28　表面张力的产生

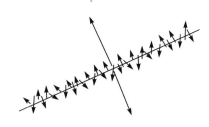

图2.29　表面张力的方向

请你思考一下：类似水的表面张力需要通过积累才能显示一定

---

*　表面张力的大小 $f = \alpha l$，式中 l 为分界线长度，α 为表面张力系数．

效果的现象,还表现在哪些方面?

有趣的小实验

表面张力在液膜和肥皂泡中表现出来的现象,有着极大魅力.从文艺复兴时代的巨匠达·芬奇到19世纪著名物理学家牛顿、胡克和杨,大数学家拉普拉斯、高斯、泊松,20世纪的物理学家瑞利、吉布斯等,都曾经对肥皂泡和液膜表现出浓厚的兴趣,并做过研究.英国著名物理学家开尔文曾经在一次演讲中说过这样的话:"请吹一个肥皂泡并观察它,你简直可以终生对它进行研究而不断从中学到物理学的知识."实际上,在一个小小的肥皂泡和不起眼的液膜中,不仅包含着力学知识,还包含着其他许多物理特性,以及非常丰富、深刻的数学内容.

下面介绍的几个小实验,同学们在家里都可以做成功的,一定会从中获得快乐的感觉,更希望能够进一步发展你的兴趣.

① 谁把它拉成的圆圈?

如图 2.30 所示,用细铅丝(或细铜丝)做一个圆环,环上系一根细线,线的另外一端做一个圈.把这个圆环在肥皂水里浸一下后取出来,环上会形成一层肥皂膜.然后,用一根缝衣针(针尖用火柴稍稍烤一下效果更好),小心地刺破线圈内的肥皂膜,线圈会自动被拉成一个圆(图 2.31).

图 2.30

图 2.31

这是因为水的表面张力使其表面有收缩到最小的趋势,用同样长度组成的各种平面图形中,圆面积最大,说明其外面的液膜表面收缩到最小.

② 不用动力的小船.

用一张纸折成一个小纸船,将一小块肥皂粘在船尾,然后把它轻轻地放在盛水的大盆(或浴缸)中,可以看到,这个小船会自动地向着船头方向前进(图 2.32).

这是因为船尾的水由于溶有肥皂后,收缩作用减弱,即水的表面每单位长度的表面张力的大小(表面张力系数)减小,船周围其他部分水面的收缩作用"齐心协力"对小船形成指向船头的合力,因此小船就会自动前进了——等到肥皂液扩散均匀后,小船也就无法继续前进了.

③ 自动上升的水柱.

将一根内径很小的玻璃管(毛细管)竖直插在滴有红墨水的水中,立即可以看到,管内升起一段红色的水柱(图 2.33).

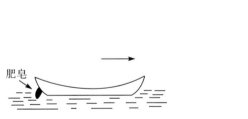
图 2.32 不用动力的小船

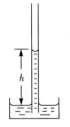
图 2.33 自动上升的水柱

管内的水为什么会自动上升?为什么上升到一定高度又停止了?管径越小,为什么水柱会上升得越高呢?这都是由于水的表面张力而产生的.

设管的内半径为 r,水的表面每单位长度的表面张力的大小为 α,沿着管的内径就是一个分界面,水表面的收缩趋势使水沿着管壁上升.当表面张力沿管壁向上的拉引作用与管内水柱的重力互相平

衡时,水柱停止了上升,于是

$$2\pi r \cdot \alpha = \pi r^2 h \cdot \rho g \quad \Rightarrow \quad h = \frac{2\alpha}{r\rho g}$$

从这个表达式可以知道,在毛细管里上升的水柱高度与管径成反比,管径越细,水柱上升得越高.

显然,这几个小实验中所表现的现象,同样不是单个分子作用的功劳,都是大量分子作用积累后的结果.

2.5 升华对微观世界的理解

前面介绍的四个方面——从微积分创立时对变速运动的研究和曲线及曲边形面积的计算,直至在实验设计中分割与积累思想的体现等等,这里分割的微元都是独立的、确定的,积累也主要体现在几何意义上的叠加.犹如打破一个瓷碗,分成的每个小片都是独立的单元,并有其确定的位置,考古专家能根据各个碎片的位置,运用几何积累的方法将它们重新粘合成一个完整的碗.

但是,物理学的发展在微观世界里却出现了让人们感觉很新鲜的事.下面,是两个物理学中的典型事例,有助于人们在认识上的升华.

(1) 分子的速率分布

用一支温度计、一个气压表和一把刻度尺,我们就可以测算出教室里的空气分子数.例如,一个 60 m²、高 4 m 的教室,在 20 ℃、1 atm 的状态时,它所包含的空气分子数约为

$$N \approx 6 \times 10^{28}(\text{个})^*$$

理论研究指出,这些分子由于频繁地相互碰撞,它们的速率虽然

---

* 把教室内空气的状态参量 $(T、p、V)$,根据理想气体状态方程进行转化,得标准状态 $(T_0、p_0)$ 下的体积 $V' = \dfrac{T_0 p}{T p_0} V$,再由 1 mol 气体所含分子数,即得教室内的空气分子数.

可以分布在 0—∞ 之间各个不同的数值,显得杂乱无章,但总体上却表现一定的规律性,即遵循麦克斯韦速率分布规律(图 2.34).因此,要求明确指出各个分子的速率大小固然是不可能的(实际上也没有必要),但却可以指出:不同温度下,速率在某个范围内的分子数占总分子数的百分比.如表 2.2 列出的就是在 0 ℃ 时氧分子的速率分布.

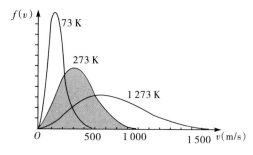

图 2.34　麦克斯韦速率分布

由此可见,对于由大量粒子所组成的系统,它们的行为特性,并非是各个体行为简单的几何意义的积累,而是会遵循着另一种新的规律——统计规律.

表 2.2　氧分子的速率分布

速率区间 v(m/s)	占总数的百分比(%)
100 以下	1.4
100—200	8.1
200—300	17.0
300—400	21.4
400—500	20.0
500—600	15.1
600—700	9.2
700—800	4.5
800—900	2.0
900 以上	0.9

(2) 光的波粒二象性

你看过射击比赛吗？如果给一位优秀的射击运动员 10 发子弹，虽然不可能像文艺作品中那样夸张到都从同一个弹孔中穿过，但只要不出意外，基本上都会分布在靶心周围. 这里的每一发子弹都是独立的，每个射击点也只是一次偶然行为，击中的位置对靶心的离散性除了说明运动员的射击水平、心理素质等因素外，不会表现出任何其他有规律性的特征.

如果将一束光也分割成一个个光子，让它们依次到达屏上，所表现出来的特性会跟击发子弹一样吗？

1909 年，英国物理学家泰勒（G. I. Taylor）设计了一个实验. 其装置如图 2.35 所示. 开始时，在两个狭缝之间不加滤光片，让一束光通过狭缝后射到一根针上，可以观察到屏上呈现如图 2.36 所示的衍射图样. 然后，他逐渐增加滤光片，不断地减弱照射光的强度，直到基本上让光子一个一个地通过狭缝. 持续了 3 个月的曝光时间以后，他发现屏上所显示的图样竟然与用强光照射时一模一样.

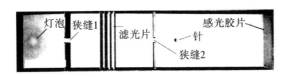

图 2.35　泰勒的单个光子衍射实验

图 2.36　针尖的衍射图样

这个实验说明，光子是完全不同于普通粒子（如子弹）的一种特殊的粒子,它不仅具有粒子性,还具有波动性.或者说,波动性是光子本身的一种属性.

光子所具有的波粒二象性,这是宏观物质世界中的物体无法实现的特性.我们既不能把它理解为宏观状态的波,也不同于普通的实物粒子.这是微观粒子的一种特殊规律.

所以,在微观世界中,原来对分割与积累仅有几何意义的理解已经不适用了.无论是把整体分割成各个单元,还是将各个单元聚积起来,它们都会表现出新的特性,这就需要我们对它们的认识有新的升华.

3 中学物理中常见的四种分割

在研究具体物理问题的时候,常常需要对某个物体或某个部分进行分割.从原则上说,只有两种分割方法,即均匀分割和不均匀分割.下面,为了更有针对性和便于说明比较,把它分为四种不同的分割方法,即均匀分割、不均匀分割、黄金分割和微小量分割(微元法),并结合一些具体实例,加以阐述.

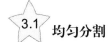
3.1 均匀分割

被分割的各单元均匀分布或具有一致的物理特性,这样的分割称为均匀分割.

这种分割的均匀性往往是由具体问题的物理条件或事物的本质特性所决定的.譬如,测量仪器仪表的分度均匀与否,决定于该仪器仪表的测量原理,如果随意分度就会造成错误测量(或产生较大误差),同时也会给使用带来不便.从数学意义上说,如果所描述的某个物理量具有线性函数的特点,那么,按照其自变量和因变量的关系进行分割时,就可以形成均匀分割.

例题 1 天平上游码标尺的分度,为什么是均匀的?

分析与解答 天平的游码可以起到小砝码的作用.游码在标尺上每向右移 1 格,相当于在天平右面的盘中增加一定质量(通常是

0.1 g)的一个小砝码.

设游码的质量为 m,标尺长 l,等分成 n 格,横梁(包括指针)的质量为 M,天平每臂长 L.

称量前,游码置于标尺的零刻度处.调节横梁两边螺母使天平平衡后,说明整个横梁(不包括游码)的重心不在通过中央刀口的竖直线上,而在偏离中央刀口右方、距中央刀口有一极小水平距离 L_1 的某条竖直线上(图 3.1),则平衡时满足条件

$$mg \cdot \frac{l}{2} = Mg \cdot L_1$$

如果游码右移 x 格,相当于在右盘中加一个质量为 m' 的砝码,为了恢复平衡,需要在左盘中也加一个质量为 m' 的砝码(图 3.2),则

$$mg\left(\frac{l}{2} - \frac{l}{n}x\right) + m'gL = Mg \cdot L_1$$

联立两式得

$$m' = \frac{ml}{nL}x = kx \quad \left(k = \frac{ml}{nL}\right)$$

这就是说,当游码在标尺上移动 x 格时,相当于在右盘中增加的砝码质量 m' 与移动格数成正比,所以标尺的分格是均匀的.

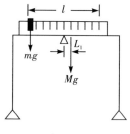
图 3.1

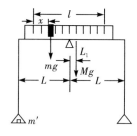
图 3.2

例题 2 试证明:常用的水银(或酒精)温度计的刻度是均匀分布的.

分析与解答 常用的水银(或酒精)温度计是根据热胀冷缩原

理制成的.

如图3.3所示温度计,为方便起见,设0℃时水银(或酒精)恰好全部在玻泡内,玻泡的容积为V_0,上部细管的截面积为S. 温度升高到t ℃时,设水银(或酒精)膨胀后的体积为V_t. 根据液体的热膨胀公式

$$V_t = V_0(1+\beta t)$$

式中β称为液体的体膨胀系数,它在数值上等于每升高1 ℃时增加的体积与0 ℃时的体积之比,即

$$\beta = \frac{V_t - V_0}{V_0 t}$$

由于固体(玻璃)的热膨胀甚小于液体的热膨胀,当温度变化不大时完全可忽略玻璃的膨胀. 因此,泡内水银由0 ℃升温至t ℃时增加的体积为

$$\Delta V = V_t - V_0 = V_0 \beta t$$

这一部分水银进入细玻璃管中所形成的液柱长度

$$\Delta l = \frac{\Delta V}{S} = \frac{V_0 \beta t}{S}$$

对于一个确定的温度计,玻泡容积V_0和细管截面积S一定,选用的液体的体膨胀系数仅与物质性质有关,也是一个定值. 令$k = \dfrac{V_0 \beta}{S}$,于是上式就可以表示为

$$\Delta l = kt$$

即温度升高时,细管内液柱长度变化与温度t成正比,所以,它的刻度呈均匀分布.

例题3 如图3.4所示,用示波器测量一节干电池的电动势,荧光屏上表示电压值的分度为什么是均匀的?

分析与解答 如图3.5所示,设偏转板长l,间距为d,右端与荧光屏相距L,加在偏转板上的电压为$U_偏$. 电子的电量和质量分别为e

图 3.3

和 m，它从电子枪发射后经加速，从偏转板正中央射入时的速度为 v_0，方向与板面平行．

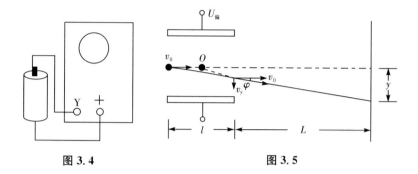

图 3.4　　　　　　　　图 3.5

因为电子离开偏转电场后，它们都好像是从两板的中心 O 沿直线射出来的．设其对入射方向的偏转角为 φ，则

$$\tan\varphi=\frac{y}{\dfrac{l}{2}+L}$$

根据电子通过偏转板后的运动特性，又有关系式

$$\tan\varphi=\frac{v_y}{v_0}=\frac{at}{v_0}=\frac{\dfrac{eU_{偏}}{md}\cdot\dfrac{l}{v_0}}{v_0}=\frac{eU_{偏}l}{mdv_0^2}$$

则

$$\frac{y}{\dfrac{l}{2}+L}=\frac{eU_{偏}l}{mdv_0^2}$$

得

$$y=\frac{\left(\dfrac{l}{2}+L\right)eU_{偏}l}{mdv_0^2}$$

因为式中 $v_0^2=\dfrac{2eU_{加}}{m}$（$U_{加}$ 为电子枪的加速电压），代入后得

$$y = \frac{\left(\frac{l}{2}+L\right)lU_{偏}}{2dU_{加}}$$

由于实际的示波管中,$l \ll L$,因此上式可改写为

$$y \approx \frac{LlU_{偏}}{2dU_{加}} = kU_{偏}$$

式中 $k = \dfrac{Ll}{2dU_{加}}$ 可认为恒定. 于是由上式可知:荧光屏上的光点在竖直方向上的偏移正比于加在偏转板上的电压,即 $y \propto U_{偏}$,因此荧光屏上对应的电压分度是均匀的.

例如,用学生示波器 J2459 型,当衰减置于"1"挡,Y 轴增益顺时针旋转到底,已校正为每 50 mV 偏移 1 格. 若衰减倍率为 10,测量中光点偏移 2.8 格,则被测电池的电动势为

$$E_x = 50 \times 2.8 \times 10 \text{ mV} = 1\,400 \text{ mV} = 1.4 \text{ V}$$

例题 4 电流表、电压表的面板刻度为什么是均匀的?

分析与解答 为了回答这个问题,就需要了解电流表、电压表表头的结构和工作原理. 图 3.6 为常用的磁电式电流表的结构示意图. 设矩形线圈的面积为 S,匝数为 n,圆柱形铁芯和永磁体磁极间的磁感应强度为 B,其方向处处垂直于圆柱表面,上下两根游丝每扭转 $1°$ 所需要的力矩是 k.

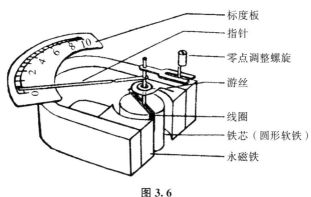

图 3.6

当电流通过线圈时,它受到磁力矩作用,其大小

$$M = nISB$$

同时,扭转游丝,使游丝产生一个反方向的恢复力矩,其大小与游丝扭转的角度(即线圈的偏转角)成正比,即

$$M' = k\theta$$

平衡时,即满足条件 $M = M'$ 时,指针就会稳定在某位置. 由

$$nISB = k\theta$$

得

$$I = \frac{k\theta}{nSB} \quad \text{或} \quad \theta = \frac{nISB}{k}$$

即指针偏角 θ 与通过电流表的电流成正比,所以面板上的电流分度是均匀的. 欧姆表的表头也是磁电式电流表,因此其电流挡和电压挡的面板分度也是均匀的.

3.2 不均匀分割

被分割的各单元不均匀分布或具有不一致的物理特性,称为不均匀分割. 这种不均匀所表现的随意性,实际上也并非如"天马行空"一般,同样是为了研究问题的需要或受到物理原理本身的制约所造成的. 例如,力学中常用的隔离法基本上都是对整体的不均匀分割,它完全服从于研究对象的需要;欧姆表电阻挡的分度明显不均匀,这是通过电表的电流与电阻间的关系决定的. 从数学意义上说,如果所描述的某个物理量不具有线性函数的特点,那么按照自变量和因变量的关系进行分割时,就形成一种不均匀的分割.

例题 1 如图 3.7(a) 所示,在光滑水平地面上放有一根长 l、质量为 M 的均质木棒,当受到水平推力 F 的作用沿水平面做加速运动时,要求确定棒各处横截面上的内力分布.

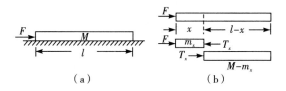

图 3.7

分析与解答 由于对整个棒而言,内力不出现在牛顿第二定律方程中,因此需用隔离法.

如图 3.7(b) 所示,从离施力端任意值 x 处把棒分割成任意两部分,其质量分别为

$$m_x = \frac{x}{l} M, \quad M - m_x = \frac{l-x}{l} M$$

根据牛顿第二定律,加速度相同时,各部分的合外力与其质量成正比,于是由

$$\frac{F}{F - T_x} = \frac{M}{m_x} = \frac{l}{x}$$

得棒中各横截面上的内力(即两部分间相互作用力)随离施力端距离 x 的分布规律为

$$T_x = \frac{l-x}{l} F$$

例题 2 图 3.8 是实验室常用的一种测量液体密度的仪器——密度计.假设密度计的质量为 m,球部的体积为 V,细管的截面积为 S.当它直立在水中时,水面在刻度 A 处,离细管底部为 l_0,此处的密度值记为 $\rho_0 = 1\text{g/cm}^3 = 1\times 10^3 \text{kg/m}^3$.当它直立在密度小于水的其他液体中时,液面位置都在 A 之上,试确定密度计的刻度分布规律.

分析与解答 设密度计直立在密度分别为

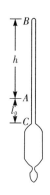

图 3.8 密度计

$\rho_1, \rho_2, \cdots, \rho_n$ 的液体中时,液面位置离开细管底部 C 的距离分别为 $l_1, l_2, \cdots, l_n$,由密度计的平衡条件得

$$(V+l_0 S)\rho_0 g = mg \quad \rightarrow \quad l_0 = \frac{m}{S\rho_0} - \frac{V}{S}$$

$$(V+l_1 S)\rho_1 g = mg \quad \rightarrow \quad l_1 = \frac{m}{S\rho_1} - \frac{V}{S}$$

$$(V+l_2 S)\rho_2 g = mg \quad \rightarrow \quad l_2 = \frac{m}{S\rho_2} - \frac{V}{S}$$

……

$$(V+l_n S)\rho_n g = mg \quad \rightarrow \quad l_n = \frac{m}{S\rho_n} - \frac{V}{S}$$

如果从 A 点(刻度 $\rho_0 = 1 \text{ g/cm}^3$)开始计算长度,那么各个刻度线离开刻度 A 的距离依次为

$$l_{1-0} = l_1 - l_0 = \frac{m}{S\rho_0}\left(\frac{\rho_0}{\rho_1} - 1\right)$$

$$l_{2-0} = l_2 - l_0 = \frac{m}{S\rho_0}\left(\frac{\rho_0}{\rho_2} - 1\right)$$

……

$$l_{n-0} = l_n - l_0 = \frac{m}{S\rho_0}\left(\frac{\rho_0}{\rho_n} - 1\right)$$

最后一式可以作为某一密度 ρ_n 的刻度线位置的一般表达式. 它表示,代表不同密度的刻度线离 A 点(刻度 $\rho_0 = 1 \text{ g/cm}^3$)的距离是密度值的反比函数. 其图像是一双曲线,如图 3.9 所示.

由于液体的密度始终大于零,只需取右上方的一支. 曲线与横轴的交点 $\rho = \rho_0, l = 0$,表示距离 l_{n-0} 就是从这里开始

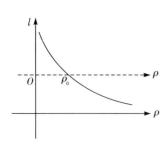

图 3.9

计算的. $\rho<\rho_0$ 时, $l_{n-0}>0$, 表示密度小于 ρ_0 的刻度线都在 A 点的上方; $\rho>\rho_0$ 时, $l_{n-0}<0$, 表示密度大于 ρ_0 的刻度线都在 A 点的下方.

说明 实际的密度计分为"重表"和"轻表",重表专用于测量密度大于水的液体的密度,轻表专用于测量密度小于水的液体的密度. 它们的原理都与此相仿.

例题 3 图 3.10 所示为多用表的面板,其电阻挡的刻度为什么是不均匀的?

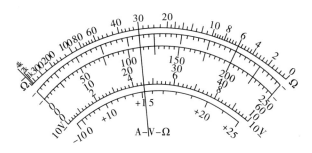

图 3.10 多用表的面板

分析与解答 这是由多用表的工作原理决定的. 多用表电阻挡的原理电路如图 3.11 所示. 当红、黑两表笔短路时,调节可变电阻 R_0 的阻值使指针满偏. 设电表的满度电流为 I_g,则

$$I_g = \frac{E}{r+r_g+R_0} = \frac{E}{R_{综}}$$

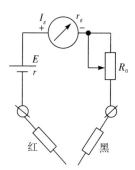

式中 $R_{综}=r+r_g+R_0$ 称为综合内阻(或中值电阻).

图 3.11 多用表原理图

当两表笔间接有阻值为 R_x 的被测电阻时,流过表头的电流为

$$I_x = \frac{E}{r+r_g+R_0+R_x} = \frac{E}{R_{综}+R_x}$$

在一定挡位上调节 R_0,校准了零欧姆位置后, $R_{综}$ 可以看成定

值.于是,通过表头的电流 I_x 随被测电阻 R_x 而变化,两者有一一对应关系,但不是线性关系.

因为表头指针的偏角 φ 与流过表头的电流强度成正比,令 $\varphi_x = kI_x$,则得

$$\varphi_x = kI_x = \frac{kE}{R_{综} + R_x}$$

即指针偏角 φ_x 与被测电阻 R_x 也不是线性关系.表 3.1 列出了当 R_x 取不同值时指针偏角的几组数据(φ_m 为指针最大偏角,即满偏角).

表 3.1

被测电阻 R_x	0	$R_{综}$	$2R_{综}$	$5R_{综}$	$10R_{综}$
指针偏角 φ_x	φ_m	$\frac{1}{2}\varphi_m$	$\frac{1}{3}\varphi_m$	$\frac{1}{6}\varphi_m$	$\frac{1}{11}\varphi_m$

由此可见,当被测电阻等于综合内阻时,指针偏角恰好为满偏时的一半,即指在中央.当被测电阻等于综合内阻的 2 倍、5 倍、10 倍等值时,指针偏角分别为满偏时的 $\frac{1}{3}$、$\frac{1}{6}$、$\frac{1}{11}$ 等.这样,就造成了面板刻度分布的不均匀——在零值附近的刻度分布较稀;在高阻值处附近的刻度分布较密.

3.3 黄金分割

(1) 神秘的黄金分割

黄金分割是数学上的一种有着特定比例关系的不均匀分割.最基本的关系是将 1 分成 0.618 和 0.382 两部分,如图 3.12 所示.

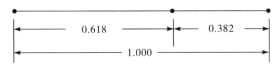

图 3.12 黄金分割

按照这样的比例分割后,会形成某些有趣的关系.例如:短的部分与长的部分之比约等于 0.618;长的部分与短的部分之比等于 1.618;整体与长的部分之比约等于 1.618 等等.

相传,公元前 6 世纪至 5 世纪,古希腊的毕达哥拉斯(Pythagoras of Samos,约前 584—前 497)已经知道黄金分割比例关系.后人的研究发现,其实早在古埃及建造的金字塔中的许多长度关系,已经运用了黄金分割比例关系.

13 世纪,意大利著名数学家斐波那契(L. Fibonacci)在他的著作《计算之书》中,通过对"一对兔子一年能繁殖多少只兔子"问题的研究提出了一个著名的数列(后来被称为斐波那契数列):

$$1,1,2,3,5,8,13,21,34,55,89,144,233,\cdots,a_n,\cdots$$

数列中从第三项起,每一个数都是前面两个数字之和,即

$$2=1+1, \quad 3=2+1, \quad 5=3+2, \quad 8=5+3, \quad \cdots$$

并且其前后两个连续数的比越来越接近 0.618,即

$$\frac{5}{8}=0.625, \quad \frac{8}{13}=0.615\,4, \quad \frac{13}{21}=0.619\,0,$$

$$\frac{21}{34}=0.617\,6, \quad \frac{34}{55}=0.618\,2, \quad \cdots$$

因此其通项公式为

$$a_n=a_{n-1}+a_{n-2}, \quad n\geqslant 3$$

并有

$$\frac{a_{n-1}}{a_n}\to\frac{1}{2}(\sqrt{5}-1)\approx 0.618$$

这里的 $\frac{1}{2}(\sqrt{5}-1)$ 正好是黄金分割中的大段与全长的比.

(2) 无处不在的黄金分割

在中世纪的欧洲,对黄金分割常带有某种神秘的色彩,这可能是

由于许多地方自然地符合这种比例关系的缘故.

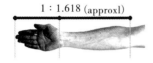

图 3.13　手臂上的黄金比例

例如,对人体的研究表明,人站立时肚脐就是重心位置,它是一个黄金分割点,从肚脐至头顶和脚底的两段长度比大体为 $0.382/0.618$,也就是说,人站立时的肚脐约在身高的 0.618 处.人的手掌与手臂的长度间也有黄金分割关系(图3.13).据研究,人体许多部位的尺寸都符合黄金分割的比例关系,或者说,如符合黄金分割关系,会显得更协调、更美观.有趣的是,人体感觉最舒适的温度,也恰好是人的正常体温(37 ℃)的 0.618 倍附近,即 23 ℃左右.

一些植物、动物的某些尺度间也有类似的黄金比例关系.图3.14中美丽的鹦鹉螺,其外形仿佛是由黄金分割矩形与其延伸的曲线所构成的螺纹结构(图3.15).

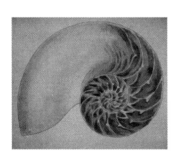

图 3.14　鹦鹉螺

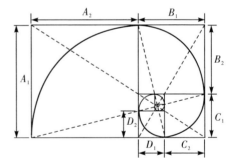

图 3.15　一个黄金矩形可以不断地被分割为正方形和较小的黄金矩形

撇开种种神秘感,黄金分割受到人们重视的根本原因,在于按这种比例分割的两线段作为矩形的长和宽,会使人感到格外的匀称、和谐、赏心悦目.因此,它在建筑、美术、数学、物理、工程技术等领域都有广泛的应用.如图3.16、图3.17所示.

图 3.16 这辆跑车压低的车身高度与车身宽之比恰好为黄金矩形

图 3.17 上海的东方明珠电视塔高 468 m，上球的位置安装在总高度的5∶8处，符合黄金分割的安排，达到更好的审美效果

(3) 从黄金分割到优选法

在科学研究和生产实践中，常常需要在一个量值范围内找出最佳点．例如，在某个工艺中，温度最佳范围在 1 000—2 000 ℃ 之间，那么究竟应该控制在什么温度才最佳呢？

人们经常采用的一个方法就是"来回调试"——例如，可以每隔 1 ℃ 试验一次，在 1 000—2 000 ℃ 之间进行近千次的试验，肯定可以找到一个最佳点（最佳温度）．显然，进行这样的大量调试，费时、费力，成本太大了．

那么，有没有一个更好的办法呢？1952 年美国数学家基费（J. Kiefer）提出了优选法——利用黄金分割规律寻求单因素试验最佳点的方法，从而也就把黄金分割的应用推向新的高度．

这个方法并不复杂．以上述找寻最佳温度为例，具体步骤是：

① 取一张纸条，以整个试验区温度范围（1 000—2 000 ℃）为单

位长作一线段 AB,选其中 0.618 处(1 618 ℃)的 B' 作为一个测试点进行试验,记下结果.

② 选纸条的 0.382 处(1 382 ℃)的 A' 作为第二个试验点进行试验,记下结果.

③ 比较两次试验结果,如果 0.618 处较 0.382 处为优,就从 0.382 处剪开(即舍去图 3.18 中 AA' 段),把剩下的 $A'B$ 部分作为新的试验区.

接着,同样取这个新试验区 0.618 和 0.382 的 B''、B' 两处,进行试验,然后比较其结果.如果图中 B'' 处较 B' 为优,再从 0.382 处剪开(舍去图 3.18 中 $A'B'$ 段),把剩下的 $B'B$ 部分再作为新的试验区.如此重复下去,直到获得最佳的结果(最佳温度).

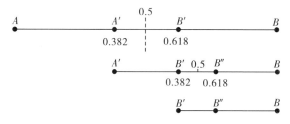

图 3.18　对折法

由于每次选取的试验点,都在整个试验范围中点两侧的对称位置 —— 相当于把纸条对折后,第二个试验点正好位于第一个试验点的对面.因此,这种方法通俗地也称为"对折法".采用这样的方法,可以缩小试验范围,减少试验次数,尽快地找出最佳方案.

在 20 世纪 70 年代,我国著名数学家华罗庚教授在生产企业中用通俗的事例热情介绍和推广优选法,取得很大的成效.图 3.19 中华罗庚教

图 3.19　华罗庚教授在介绍优选法

授正手拿白纸,介绍对折法的使用.

(4) 请你试试优选法

例如,取一根长约 1 m、质量不可忽略的直杆和一个重锤构成复摆(图 3.20(a)). 理论研究指出,重锤上移越来越接近转轴 O 时,整个摆的质量中心也越来越接近 O 轴,摆的振动周期会变大;重锤下移越来越接近底端时,整个摆的质量中心下移,振动的周期也会变大. 因此,摆杆上一定存在某个位置,使摆振动时的周期为最小*.

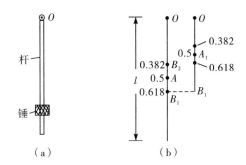

图 3.20 用优选法确定复摆最小周期

那么,怎样移动摆锤才能尽快地找出这个位置呢? 可以采用优选法——在杆长的中点 A 两侧相距 0.118 处选择两点 B_1、B_2,将重锤置于这两位置后分别测量其摆动周期,然后去掉劣点(即周期大的点). 假设 B_1 为劣点,则舍去 B_1 以下部分,再把 OB_1 部分作为新的试验范围作同样试验. 如此反复多次,即可很快找出周期为最小的位置.

复摆的周期公式需要应用大学物理知识推导,不过,我们不妨避

---

* 复摆作小振幅振动的周期可表示为

$$T = 2\pi\sqrt{\frac{I_C + mr^2}{mgr}}$$

式中 I_C 为复摆对通过重心 C、平行于轴 O 的水平转轴的转动惯量,因此当摆锤上移时,复摆的共同质心接近转轴 O(r 变小),振动周期变大;当摆锤下移时,复摆的共同质心下移,r 变大,振动周期也变大.

开理论,先对它作些实验探究,这是完全可以的. 无论是作为知识的扩展还是课外活动都是一个很好的素材. 下面这个试题就是一个极好的示范,它仅要求作数据处理,同时认识 I_O 的量纲(单位),请自行练习.

练习题

(2014 上海) 某小组在做"用单摆测定重力加速度"实验后,为进一步探究,将单摆的轻质细线改为刚性重杆. 通过查资料得知,这样做成的"复摆"做简谐运动的周期 $T=2\pi\sqrt{\dfrac{I_O}{mgr}}$,式中 I_O 为由该摆决定的常量,m 为摆的质量,g 为重力加速度,r 为转轴到重心 C 的距离. 如图 3.21(a) 所示,实验时在杆上不同位置打上多个小孔,将其中一个小孔穿在光滑水平轴 O 上,使杆做简谐运动,测量并记录 r 和相应的运动周期 T;然后将不同位置的孔穿在轴上重复实验,实验数据见表 3.2,并测得摆的质量 $m=0.50$ kg.

表 3.2

r(m)	0.45	0.40	0.35	0.30	0.25	0.20
T(s)	2.11	2.14	2.20	2.30	2.43	2.64

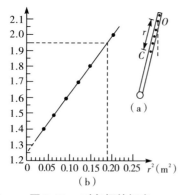

图 3.21 对复摆的探究

(1) 由实验数据得出图 3.21(b) 所示的拟合直线,图中纵轴表示 _____.

(2) I_O 的国际单位为 _____,由拟合直线得到 I_O 的值为 _____ (保留到小数点后两位).

(3) 若摆的质量测量值偏大,重力加速度 g 的测量值 _____ (选填:"偏大"、"偏小"或"不变").

参考答案:(1) T^2r;(2) kg·m^2,0.17;(3) 不变.

提示:(2)根据图线的截距得;(3)本实验数据处理是通过图线的斜率分析得出来的,与质量无关,所以质量变化后,g 的测量值不变.

3.4 微小量分割(微元法)

在中学物理学习中,经常会遇到许多不均匀变化的物理量或物理过程,如变力做功、坐标平面上曲边形的面积、沿曲线分布的电荷、非线性变化的场强与电势的关系、在磁场中不规则的通电线框、做切割运动的弯曲导线等,从整体上或宏观上难以直接求解时,可以借助微积分的基本思想——细分与积累,从微观上去敲开求解之门.

采用细分单元后分析和研究问题的方法,称为微元法.细分的单元可以针对某个研究对象,如细分为长度元、面积元、体积元、角度元、质量元、电荷元等,也可以针对某个物理过程,如细分为时间元、位移元、速度元、温度元等.经过细分后,在这个极小单元上,就可以把原来的变量看成恒量、曲线看成直线、线电荷看成点电荷、不均匀的关系看成均匀的关系……这样,就可以顺利地越过不均匀变化的困难,能根据中学物理的规律,运用初等数学的方法直接进行处理;然后,再根据这个单元上得到的结果推广到其他相关单元和整体,从而找出整体或全过程的规律或结果.

所以,应用微元法分析、研究问题,其基本步骤为:

(1) 明确研究对象的特点或变量的函数关系,并对它作微小分割;

(2) 以分割的微元为研究对象,选用适当的物理规律,得出相关的结果;

(3) 根据微元与整体的关系,确定整体所遵循的规律或问题所要求的结果.

下面,我们从分割的微元谈起,并结合具体实例,希望能够进一步理解微元法,为以后得心应手地应用奠定基础.

线 分 割

线元,称得上是最常用的微元,它往往又可以同时扮演位移元、质量元、电荷元等身份.

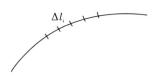

图 3.22

如图 3.22 所示,假设一个物体沿着一条任意曲线运动,在分割得极细的条件下,曲线上任意一个微元 Δl,都可以看成一小段直线. 根据这个道理,就可以把物体原来的曲线运动,转化为沿着许许多多小段的直线运动的积累. 如果在这条曲线上原来均匀分布着一定量电荷的话,经过这样的微小分割后,就可以把原来连续分布的线电荷转化为许许多多点电荷的积累.

通过这样的微小分割,应用将曲线转化为直线的方法,就可以将直线运动的规律应用于曲线运动,将适用于点电荷的规律应用于线电荷的分布……从而为研究曲线运动、研究连续分布的问题铺平了道路.

例题 1 在水平地面上放有一根长为 l、质量为 m 的均质木棒,棒与地面间的动摩擦因数为 μ. 现用力使棒绕其一端在水平面上转过 θ 角,如图 3.23 所示,那么需要做功多少?

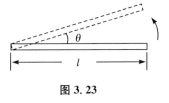

图 3.23

分析与解答 当木棒绕其一端转动时,由于棒上各部分发生的位移不同,各部分摩擦力的功也不同,需要采用细分单元的方法,即微元法求解.

3 中学物理中常见的四种分割

将整个棒的长度分成 n 段,每一小段棒的长度为 $\dfrac{l}{n}$,质量为 $\dfrac{m}{n}$,运动过程中所受的摩擦力均为 $f=\dfrac{\mu mg}{n}$. 当棒转过 θ 时,棒上第 i 小段的位移(转过的弧长)为 $x_i=i\dfrac{l}{n}\theta$,对应的摩擦力做功大小为

$$W_i=fx_i=\dfrac{\mu mg}{n}\cdot\dfrac{il\theta}{n}=\dfrac{\mu mgl\theta}{n^2}i$$

转动过程中,外力需要做的功等于整个棒的摩擦力做功大小,它等于棒上各部分摩擦力做功之和,即

$$W=\lim_{n\to\infty}\sum\dfrac{\mu mgl\theta}{n^2}i=\mu mgl\theta\lim_{n\to\infty}\dfrac{1}{n^2}(1+2+\cdots+n)$$
$$=\mu mgl\theta\lim_{n\to\infty}\dfrac{1}{n^2}\cdot\dfrac{n(n+1)}{2}=\dfrac{1}{2}\mu mgl\theta$$

说明 本题为线分割,分割得到的线元同时扮演着质量元(相当于质点)的角色. 上面是通过细分后积累的方法求解的,我们也可以利用微元特性结合图像求解.

在离开中心为 x 处,取长为 Δx 的一段为研究对象,当棒绕其一端转动时,棒上各处的位移(s)随着离开棒端的距离(x)线性变化(图 3.24),转动中这一小段棒所对应的位移为

$$s_x=\theta x$$

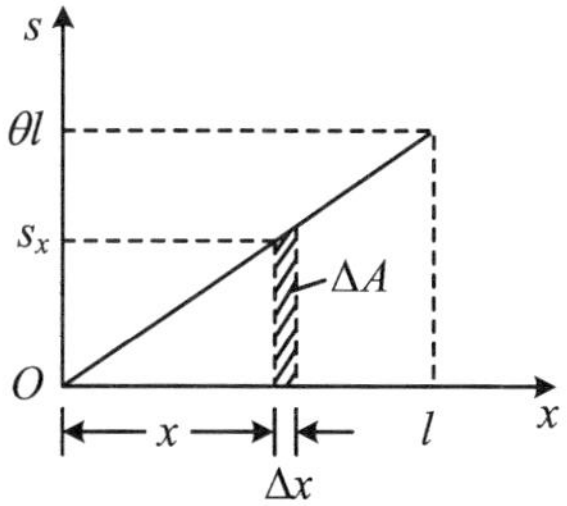

图 3.24

由于木棒是均匀的,这一小段棒在运动中受到的摩擦力为

$$\Delta f=\dfrac{\mu mg}{l}\Delta x$$

它克服摩擦力做功为

$$\Delta W = \Delta f \cdot s_x = \frac{\mu m g}{l} \Delta x \cdot s_x = \frac{\mu m g}{l} \Delta A$$

式中 $\Delta A = \Delta x \cdot s_x$ 就等于图像中划有斜线部分的这块小梯形面积. 所以整个棒转动过程中所做的功为

$$W = \sum \Delta W = \frac{\mu m g}{l} \sum \Delta A = \frac{\mu m g}{l} \cdot \frac{l \cdot \theta l}{2} = \frac{\mu m g l \theta}{2}$$

式中 $\sum \Delta A$ 就等于图 3.24 中大三角形的面积.

有些熟悉等效变换思想的读者,常常会根据均匀棒的特点,把它等效于棒的中点转过 θ 角所做的功,直接得出

$$W = f\bar{x} = \mu m g \cdot \frac{l\theta}{2} = \frac{1}{2}\mu m g l \theta$$

显然,这样的方法对于选择题是非常适宜的.

例题 2(2016　海南)　如图 3.25(a)所示,扬声器中有一线圈处于磁场中,当音频电流信号通过线圈时,线圈带动纸盆振动,发出声音. 俯视图 3.25(b)表示处于辐射状磁场中的线圈(线圈平面即纸面),磁场方向如图中箭头所示,在图 3.25(b)中(　　).

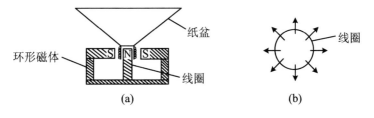

图 3.25

A. 当电流沿顺时针方向时,线圈所受安培力的方向垂直于纸面向里

B. 当电流沿顺时针方向时,线圈所受安培力的方向垂直于纸面向外

C. 当电流沿逆时针方向时,线圈所受安培力的方向垂直于纸面向里

D. 当电流沿逆时针方向时,线圈所受安培力的方向垂直于纸面向外

分析与解答　将图 3.25(b)中的圆形线圈分割成许多小段,并把每一小段圆弧线圈看成直导线. 根据左手定则可知,当电流沿线圈

顺时针方向流动时,每一小段导线受到的安培力垂直纸面向外;当电流沿线圈逆时针方向流动时,每一小段导线受到的安培力垂直纸面向里.因此,A、D错,正确的是B、C.

例题 3(2019 上海) 如图 3.26 所示,在薄金属圆筒表面上通以与其轴线平行、分布均匀的恒定电流时,该圆筒的形变趋势为( ).

A. 沿轴线上下压缩

B. 沿轴线上下拉伸

C. 沿半径向内收缩

D. 沿半径向外膨胀

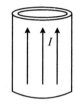

图 3.26

分析与解答 薄圆筒的表面,可以看成是由许多条很狭的金属条拼接起来的,这些金属条中通以同向电流时,根据两条同向电流会相互吸引的原理,它们共同作用的结果,使整个圆筒产生沿半径方向收缩的趋势.因此,正确的是 C.

说明 本题中渗透着"微元分割"的思想方法.如果不懂得将圆筒分割成狭条的方法,从整体上考虑就比较难以理解发生形变的趋势了.

面 分 割

对某个面积大小一定的平面或曲面进行微小量的分割,称为面分割.经过微小分割后所得的微元,称为面积元.根据研究具体问题的需要,面分割中常见的面元有矩形、梯形(或曲边梯形)、三角形、圆环等.例如,研究在水中的闸门所受到水的压力、研究不规则形状的线圈在磁场中受到的磁力矩等情况时,常常需要分割成矩形或梯形的面元(图 3.27(a));研究环状圆板的热膨胀(或热应力)等问题时需对它作环形分割(图 3.27(b)).

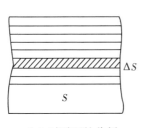
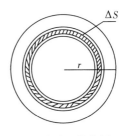

(a) 对平面的分割　　　　　　(b) 对圆环的分割

图 3.27

例如,行星绕太阳运动时通过近日点和远日点的速率之比,就可以通过对轨道平面所作的面分割求解. 如图 3.28 所示,在近日点 A 和远日点 B 各取一段极短的时间 Δt,在这段时间内连接卫星和地球的矢径所扫过的面积如图 3.28 中画有斜线的两个扇形所示. 由于 Δt 极小,这段时间内可

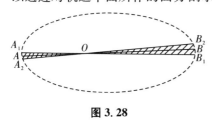

图 3.28

以看成匀速率运动,并可用两个三角形代替扇形,其面积分别为

$$\Delta S_A = \frac{1}{2} R_1 v_1 \Delta t, \quad \Delta S_B = \frac{1}{2} R_2 v_2 \Delta t$$

根据开普勒行星运动第三定律,$\Delta S_A = \Delta S_B$,于是得

$$\frac{v_1}{v_2} = \frac{R_2}{R_1}$$

在中学物理范围内,面分割的应用也很常见,下面是两个很有典型意义的问题,请注意体会.

例题 1　在水中竖立着一个宽为 L、高为 h 的矩形闸门,其上边与水面平齐. 已知水的密度为 ρ,试求整个闸门受到水的静压强所产生的压力有多大.

分析与解答　由于闸门各处离开水面的深度不同,各处水的静压强也不同. 为此, 可以用许多条平行线将闸门分割成许多矩形面元, 每个面元的宽度为 L, 高均为 Δy, 如图 3.29 所示. 由于分割的面元很小 (Δy 极小), 可以认为在每个面元上水的静压强恒定不变, 因此面元 ΔS_i 所受压力可表示为

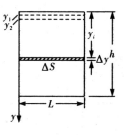

图 3.29

$$\Delta F_i = p_i \Delta S_i = \rho g y_i \cdot L \Delta y$$

整个闸门所受水的压力为各个面元所受压力之和, 即

$$F = \Delta F_1 + \Delta F_2 + \cdots + \Delta F_n = \rho g L y_1 \Delta y + \rho g L y_2 \Delta y + \cdots + \rho g L y_n \Delta y$$

由于从水面向下等距分割, 则 $y_1 = \Delta y, y_2 = 2\Delta y, y_3 = 3\Delta y, \cdots, y_n = n\Delta y$, 因此上式可表示为

$$F = \rho g L \Delta y (\Delta y + 2\Delta y + \cdots + n\Delta y) = \rho g L \Delta y \cdot \frac{\Delta y + n\Delta y}{2} n$$

式中 $n\Delta y = h$, 当 $n \to \infty$ 时, $\Delta y \to 0$, 于是由上式可得

$$F = \frac{1}{2}\rho g h \cdot L h = \bar{p} S$$

式中 $S = hL$ 为闸门面积, $\bar{p} = \frac{1}{2}\rho g h$ 为闸门中心处的压强. 计算结果表明, 闸门所受到水的静压强产生的压力, 等于其中心处的压强与闸门面积的乘积.

说明 如果题中闸门的上边不是与水面平齐, 而是在水中一定深度的地方, 可以采用同样的方法算出它所受到的压力. 因此, 上面的结论可以更一般地表示为: 直立在水中面积为 S 的平面, 它所受到水的静压强所产生的压力, 等于其浸入部分中心处的压强与浸入面积的乘积.

例题 2 前面结合"太空授课"已经介绍过表面张力, 现在再研究一个跟表面张力密切相关的吹肥皂泡的问题. 你吹过肥皂泡吗? 吹的时候一定可以体会到, 形成的肥皂泡内部有气体, 并且跟外部大气有一

定的压强差.那么,肥皂泡越大时,其内外气体的压强差越大,还是越小?

分析与解答 设肥皂泡的半径为 r,内外气体压强分别为 p 和 p_0,它们的方向都是辐射状的,如图 3.30 所示.在肥皂泡的半球面取一个微元(面积元)ΔS,内外气体作用在微元上的压力则为 $p\Delta S$ 和 $p_0\Delta S$(图 3.31).把半球面上的内、外气体压力都投影到竖直平面上,则半球相当于一个半径为 r 的大圆面,各个微元上的内、外压力在竖直方向的分量积累后互相抵消,只有水平分量

$$\Delta F_x = (p\Delta S - p_0\Delta S)\cos\theta = (p - p_0)\Delta S'$$

式中 $\Delta S'$ 为微元的投影面积.积累后为

$$\sum \Delta F_x = \sum (p - p_0)\Delta S' = (p - p_0)\pi r^2$$

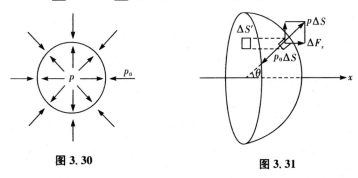

图 3.30　　　　　　　　图 3.31

微元所受表面张力的方向各处不同,各个微元积累成半球面后的表面张力的方向相同,其总效果表现为对大圆周各处的拉力.考虑到内外两个表面,因此表面张力的大小为

$$f = 2 \cdot \alpha \cdot 2\pi r = 4\pi\alpha r$$

平衡时,由

$$(p - p_0)\pi r^2 = 4\pi\alpha r$$

得肥皂泡内外气体的压强差

$$\Delta p = p - p_0 = \frac{4\alpha}{r}$$

可见,肥皂泡越小,其内外气体的压强差越大.

说明 上面的结论可以用实验佐证:如图 3.32 所示,在两根玻璃管下面吹出两个大小不同的肥皂泡,然后,关闭阀门 1 和 2,打开阀门 3,可以看到小的肥皂泡逐渐收缩,而大的肥皂泡却被吹得更大. 由于肥皂泡的外部压强相同(都为大气压),所以这个现象表明小泡内的压强确实比大泡内的压强大. 这里的奥秘就是表面张力的作用.

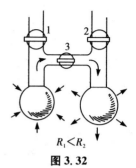

图 3.32

这个实验是英国伦敦物理学会主席 C. V. Boys 教授在 1889 年的除夕到年初,连续三次给青少年作有关肥皂泡的演讲中所做的*. 一位大科学家竟然会在新年里兴致勃勃地给青少年作演讲、做实验,这种为了普及科学知识、为了青少年健康成长的精神,真是难能可贵.

体 分 割

在中学物理中,有时也需要进行体积的分割. 从体分割得到的微元称为体积元,用 ΔV 表示. 体积元往往也同时扮演着质量元、电荷元等角色.

在实际问题中,所分割的体积元可以有多种形式,其中最常见的是正交体分割. 如图 3.33 所示,分割出来的体积元在三维正交坐标系中可表示为

$$\Delta V = \Delta x \Delta y \Delta z$$

此外,还可以有球体分割、柱体分割等不同方法. 它们的体积元的表示方法也不同.

例如,球体分割中,常在球面上取一面元 ΔS,以它为底构成一球锥体,如图 3.34 所示. 因此体积元 ΔV 可表示为

---

* C. V. Boys 教授在演讲后,还出版了一本很有影响的小册子——《肥皂泡和形成它们的力》. 该书 1959 年被美国物理教育委员会选为杰出的物理学习丛书.

$$\Delta V = \frac{1}{3} r \Delta S \quad 或 \quad \Delta V = \frac{1}{3} r^3 \Delta \theta \Delta \varphi$$

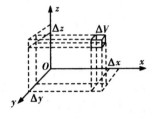
图 3.33

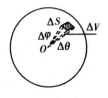
图 3.34

在柱体分割中常采用如图 3.35 所示的几种方法,对应于(a)、(b)、(c)三种分割,其体积元 ΔV 分别为

$$\Delta V = \frac{1}{2} r^2 h \Delta \theta, \quad \Delta V = \pi r^2 \Delta h, \quad \Delta V = 2\pi r_i h \Delta r$$

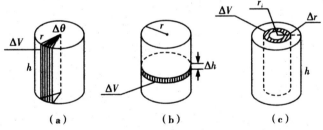
图 3.35

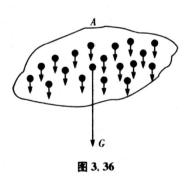
图 3.36

体分割适用于立体的研究对象. 例如,在物体重心概念的引入中,我们可以把整个物体分割成许多小体积元 $\Delta V_1, \Delta V_2, \cdots, \Delta V_n$. 当 $n \to \infty$ 时,每一个小体积元的体积趋向无限小,都可以看成一个质点. 各个质点所受重力的合力作用点,就称为物体的重心(图 3.36).

3 中学物理中常见的四种分割

例题 1 假设地球是一个密度为 ρ 的均匀球体,当把质量为 m 的物体从地球表面移向地球中心的时候,其在离开地心 r 处所受地球的引力为多大?

分析与解答 设 A 为移动过程中的某一位置,物体在 A 点所受的引力可以分为两部分:一个是半径为 r 的球体产生的引力;另一个是内外半径分别为 r 和 R 的球壳产生的引力(图 3.37).

半径为 r 的球体产生的引力为

$$F' = G\frac{M'm}{r^2} = G\frac{\frac{4}{3}\pi r^3 \rho \cdot m}{r^2} = \frac{4}{3}\pi Gm\rho r$$

为了计算球壳产生的引力,可以将球壳分成许多薄层. 图 3.38 中画出其中的一个薄层,并以 A 为顶点作许多对圆锥体,将原来的薄层再分割成许多对体积元,如图 3.38 中 S_1 和 S_2 所示. 这两个体积元与

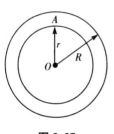

图 3.37

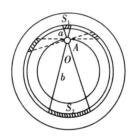

图 3.38

离开 A 点的距离的平方成正比,因此相应的质量元也与它们到 A 的距离的平方成正比,即

$$\frac{\Delta m_1}{\Delta m_2} = \frac{a^2}{b^2}$$

它们对位于 A 的物体产生的引力分别为

$$\Delta f_1 = G\frac{\Delta m_1 m}{a^2}, \quad \Delta f_2 = G\frac{\Delta m_2 m}{b^2}$$

则

$$\frac{\Delta f_1}{\Delta f_2} = \frac{\Delta m_1}{\Delta m_2} \cdot \frac{b^2}{a^2} = 1$$

即壳层上与 A 点对顶的两质量元对物体的引力大小相等,且其方向相反.在壳层上其他的某一对质量元也都具有同样的特点,因此每一壳层对 A 点物体的引力之和为零.所有壳层(即整个球壳)对 A 点物体的引力也为零.

所以,位于球内与球心相距为 r 处的物体受到地球的引力,仅等于半径为 r 的这部分球体对它产生的引力,即为

$$F = F' = \frac{4}{3}\pi G m \rho \cdot r$$

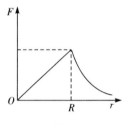

图 3.39

说明 如果物体从地心起逐渐向外移动,以 r 为变量画出物体所受引力与 r 的关系,如图 3.39 所示.在球内($r \leqslant R$),引力的大小与离开球心的距离成正比;在球外,引力的大小与离开球心的距离平方成反比.

例题 2 一根长为 l、质量为 m 的均质棒,在水平面内以角速度 ω 绕通过棒一端的竖直轴匀速转动(图 3.40),棒所具有的转动动能为多大?

分析与解答 棒转动时,由于棒上各个质点的运动状态不同,必须采用分割-积累的方法才能计算.

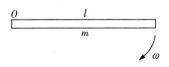

图 3.40

设将棒均匀细分为 n 段,每一小段棒的质量为 $\Delta m = \dfrac{m}{n}$,长为 $\Delta l = \dfrac{l}{n}$. 由于 n 很大,长度 Δl 极小,其上各点的线速度可以认为相同.因此,第 i 段棒的线速度为

$$v_i = \omega \cdot i \frac{l}{n}$$

其动能为

$$E_{ki} = \frac{1}{2}\Delta m_i v_i^2 = \frac{1}{2}\frac{m}{n}\left(\omega \cdot i \frac{l}{n}\right)^2 = \frac{1}{2}m\omega^2 l^2 \cdot \frac{i^2}{n^3}$$

整个棒的动能为各小段棒的动能之和,即

$$\begin{aligned}E_k &= \lim_{n\to\infty}\sum E_{ki} = \lim_{n\to\infty}\sum \frac{1}{2}m\omega^2 l^2 \cdot \frac{i^2}{n^3}\\ &= \frac{1}{2}m\omega^2 l^2 \lim_{n\to\infty}\frac{1}{n^3}(1^2 + 2^2 + \cdots + n^2)\\ &= \frac{1}{2}m\omega^2 l^2 \lim_{n\to\infty}\frac{1}{n^3} \cdot \frac{n(n+1)(2n+1)}{6}\end{aligned}$$

当 $n \to \infty$ 时,式中 $(n+1)(2n+1) \to 2n^2$,因此有

$$E_k = \frac{1}{6}m\omega^2 l^2$$

过程分割

前面介绍的线分割、面分割、体分割等,都针对某个具体物体,从而分别得到了线元、面元和体积元,其间还可以包括位移元、质量元、电流元等.

在物理学习中,除了针对以具体物体为研究对象的分割外,还有一种很普遍的情况,就是对物理过程进行分割. 一般方法是:先把整个物理过程的时间分割成许许多多微小的单元;然后选取其中一段极短的时间 Δt,并把这极短时间内某些变化的物理量(或运动过程)看成不变的量(或恒定的过程),考察其所适用的物理规律;接着,将极短时间内得到的结果进行积累,从而得到全过程(或整体)的最终结果. 下面两个例题很有典型意义,由浅入深地介绍了过程分割的应用,请注意体会.

例题 1 如图 3.41 所示,质量为 $m = 0.1$ kg、电阻 $r = 0.3$ Ω 的金属棒垂直跨搁在位于水平面内的两根平行光滑导轨上. 导轨的间距为 l,电阻不计. 导轨左端接有 $R = 0.5$ Ω 的电阻和一个量程为

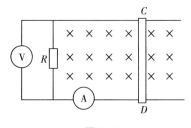

图 3.41

1.0 V 的电压表,导轨中串联一个量程为 3.0 A 的电流表,整个装置处于垂直导轨平面向下的匀强磁场中.现用外力使金属棒以 $v=2$ m/s 沿着导轨向右匀速运动,运动过程中金属棒与导轨始终接触良好,观察到一个电表满偏,另一个电表未满偏.若某时刻撤去外力,则金属棒从开始撤力到停止滑行的过程中,通过电阻 R 的电量是多少?*

分析与解答 满偏的电表是电压表.因为若电流表满偏($I=3$ A),电阻 R 两端的电压 $U=IR=1.5$ V,已超过电压表的量程.

撤力后,金属棒在变化的安培力作用下向右做减速(变减速)运动.为了计算整个过程中通过电阻的电量,可以采用分割过程的微元法.

把金属棒从开始撤力到停止的时间分割成许多极小的间隔 Δt_1, $\Delta t_2, \cdots, \Delta t_n$,在每一个极短时间间隔内的电流可以认为保持不变,其大小分别为 $I_1, I_2, \cdots, I_n$,则每段极短时间内金属棒受到的安培力也可以认为不变.

以水平向左为正方向,对金属棒的各段时间运用动量定理,有
$$m\Delta v_1 = BlI_1 \Delta t_1, \quad m\Delta v_2 = BlI_2 \Delta t_2, \quad \cdots, \quad m\Delta v_n = BlI_n \Delta t_n$$

金属棒从撤力到停止的整个运动时间内的动量变化,应该等于各段时间内所受安培力的冲量之和,即
$$m\Delta v_1 + m\Delta v_2 + \cdots + m\Delta v_n = BlI_1\Delta t_1 + BlI_2\Delta t_2 + \cdots + BlI_n\Delta t_n$$
或
$$m(\Delta v_1 + \Delta v_2 + \cdots + \Delta v_n) = Bl(q_1 + q_2 + \cdots + q_n)$$
即

---

* 本题据 1999 年上海高考试题改编.

$$m\sum \Delta v_i = Bl\sum q_i$$

因此从撤力到金属棒停止滑行过程中通过电阻的电量为

$$q = \sum q_i = \frac{m}{Bl}\sum \Delta v_i = \frac{m}{Bl}[0-(-v)] = \frac{mv}{Bl}$$

根据题设条件,原来匀速运动时应该满足条件

$$E = Blv = I(R+r) \quad \Rightarrow \quad B = \frac{I(R+r)}{lv} = \frac{U_R(R+r)}{Rlv}$$

于是得电量

$$q = \frac{mv^2 R}{U_R(R+r)} = \frac{0.1\times 2^2 \times 0.5}{1\times(0.5+0.3)}\,\text{C} = 0.25\,\text{C}$$

说明 本题很鲜明地体现了微积分的思想方法——先把整个过程分割成许多元过程,在元过程中把变化的物理量转化为不变的量后应用相关物理规律,然后再对各个元过程进行积累,求出最终结果.

例题2 如图3.42所示,两根间距为 $l=1$ m 的金属导轨固定在水平面内,其一端接有电动势 $E=6$ V、内阻 $r=1\,\Omega$ 的电源。在导轨上垂直放置一根质量 $m=1$ kg、电阻 $R=1\,\Omega$ 的金属棒并与导轨保持良好接触,整个装置放在磁感应强度 $B=2$ T、方向垂直导轨向下的匀强磁场中.已知金属

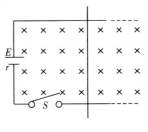

图3.42

棒与导轨间的摩擦阻力恒为 $f=2$ N,从闭合开关到金属棒达到稳定运动的过程中通过棒的电量 $q=2$ C,不计导轨电阻,试求这个过程中金属棒产生的热量.

分析与解答 开关闭合后,电源对金属棒供电,使金属棒在向右的安培力作用下运动,同时切割磁感线产生感应电动势,其极性与电源电动势相反(反电动势),因此电路中的电流为

$$I = \frac{E-Blv}{R+r}$$

显然,它将随着运动速度的不同而变化,直到棒的速度达到稳定状态.

金属棒达到稳定状态时,根据力学条件,有
$$BIl - f = 0 \qquad ②$$
得
$$I = \frac{Bl}{f} = \frac{2 \times 1}{2} \text{ A} = 1 \text{ A} \qquad ③$$

代入式①,得稳定状态时的速度
$$v_0 = \frac{E - I(R+r)}{Bl} = \frac{6 - 1 \times (1+1)}{2 \times 1} \text{ m/s} = 2 \text{ m/s} \qquad ④$$

将金属棒达到稳定状态的整个过程,分割成许多元过程.设每个元过程的时间分别为 $\Delta t_1, \Delta t_2, \cdots, \Delta t_n$,对应的速度变化为 $\Delta v_1, \Delta v_2, \cdots, \Delta v_n$,对金属棒经历的过程应用动量定理,有

$$(BlI_1\Delta t_1 + BlI_2\Delta t_2 + \cdots + BlI_n\Delta t_n) - ft$$
$$= m\Delta v_1 + m\Delta v_2 + \cdots + m\Delta v_n$$

或
$$Bl\sum I_i \Delta t_i - ft = m\sum \Delta v_i$$
得
$$Blq - ft = mv_0 \qquad ⑤$$

为了确定金属棒达到稳定状态的电量关系,需要继续采用微元法.可以认为各个元过程中棒的运动速度恒定,分别为 $v_1, v_2, \cdots, v_n$,对应的电流 $I_1, I_2, \cdots, I_n$ 也认为恒定.在整个过程中通过金属棒的电量为

$$q = I_1 \Delta t_1 + I_2 \Delta t_2 + \cdots + I_n \Delta t_n$$

$$= \frac{E - Blv_1}{R+r}\Delta t_1 + \frac{E - Blv_2}{R+r}\Delta t_2 + \cdots + \frac{E - Blv_n}{R+r}\Delta t_n$$

$$= \frac{E}{R+r}(\Delta t_1 + \Delta t_2 + \cdots + \Delta t_n)$$

$$- \frac{Bl}{R+r}(v_1 \Delta t_1 + v_2 \Delta t_2 + \cdots + v_n \Delta t_n)$$

或表示为

$$q = \frac{E}{R+r}\sum \Delta t_i - \frac{Bl}{R+r}\sum \Delta x_i$$

式中 $\sum \Delta t_i = t$，就是达到稳定状态所需要的时间，$\sum \Delta x_i = x$ 就是在这个过程中通过的位移，于是上式可写为

$$q = \frac{Et - Blx}{R+r} \qquad ⑥$$

联立式⑤、式⑥，整理后并代入各个已知值，即得金属棒经过的位移

$$x = \frac{BlqE - mv_0 E - fq(R+r)}{fBl}$$

$$= \frac{2 \times 1 \times 2 \times 6 - 1 \times 2 \times 6 - 2 \times 2 \times 2}{2 \times 2 \times 1} \text{ m}$$

$$= 1 \text{ m} \qquad ⑦$$

根据能的转化和守恒，在这个过程中电源提供的总能量转化为棒的动能、克服摩擦力做的功和电路中产生的焦耳热，即

$$Eq = \frac{1}{2}mv_0^2 + fx + Q \qquad ⑧$$

得

$$Q = Eq - fx - \frac{1}{2}mv_0^2 = \left(6 \times 2 - 2 \times 1 - \frac{1}{2} \times 1 \times 2^2\right) \text{J} = 8 \text{ J} \qquad ⑨$$

由于金属棒与电源内电阻是串联关系，当 $R = r$ 时两者产生的热

量相等,所以在这个过程中金属棒产生的热量为

$$Q_R = \frac{1}{2}Q = 4 \text{ J} \quad ⑩$$

说明 本题以微元法为核心方法,综合了运动定律、动量定理、闭合电路欧姆定律、安培力、电磁感应和能的转化和守恒以及热量分配关系等多方面的知识,是一道很优秀和有一定难度的综合题,值得好好体会.

一些同学列出式①—式④的关系后,计算电路中产生的热量时,先假设金属棒达到稳定状态所通过的位移为 x,然后习惯地根据法拉第电磁感应定律,认为在这个过程中通过棒的电量为

$$q = \bar{I}\Delta t = \frac{E_{感应}}{R+r}\Delta t = \frac{\Delta\varphi}{R+r} = \frac{Blx}{R+r}$$

由此得

$$x = \frac{q(R+r)}{Bl} = \frac{2\times(1+1)}{2\times 1} \text{ m} = 2 \text{ m}$$

然后,根据式⑧和式⑩的关系,依次得

$$Q = 6 \text{ J}, \quad Q_R = 3 \text{ J}$$

这是本题很容易产生的错误解法.对照用微元法得到的表达式式⑥,可以发现,这样的解法疏忽了电源的作用,这是值得警惕的!

4　分割与积累思想的教学功能

分割与积累的思想方法在中学物理学习中具有十分重要的意义.它可以用来研究整体的各个部分以及各部分与整体间的联系;反映不均匀的状态或变化过程;实现从有限向无限的过渡等.它为概念的理解、规律的导出、实验现象的解释、分析与探究层次的提高等都提供了极为有力的武器.

下面,我们分几方面阐述分割与积累的思想方法在物理学习中的指导作用.

4.1　帮助建立和理解概念

(1) 一个难以理解的概念 —— 瞬时速度

如果问你:什么叫瞬时速度? 也许你会根据书本上的定义流利地背诵出来:运动物体在某一时刻(或某一位置)的速度,叫作瞬时速度.如果再问你:什么叫运动物体在某一时刻(或某一位置)的速度?可能你就会愣住了.

在一些教材中,往往会用一辆做变速运动的汽车(或其他运动物体)来引入瞬时速度.

瞬时速度的意义

如图 4.1 所示,设汽车沿直线做变速运动,为了确定汽车经过 A 点时的瞬时速度,从 A 点起取一小段位移 AA_1,求出这段位移上的平均速度,这个平均速度可以近似地表示汽车经过 A 点的快慢程度. 从 A 点起所取的位移越小,例如位移取 AA_2、AA_3、$\cdots$,所得的平均速度用来表示汽车经过 A 点的快慢程度就越精确. 当位移足够小时,或者说时间足够短时,所得的平均速度就等于汽车经过 A 点的瞬时速度了.

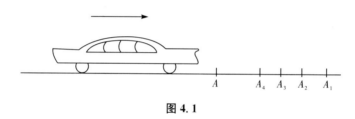

图 4.1

上面用物理语言的描述,还可以借助数学语言作更精确、简洁的说明:在图中,从 A 点起取一小段位移 Δx,求出这段位移内的平均速度 $\dfrac{\Delta x}{\Delta t}$,当 $\Delta t \to 0$ 时,平均速度趋近于某个确定的值——极限值,这个极限值就是汽车经过 A 点的瞬时速度. 因此,从极限的意义上,A 点的瞬时速度可以表示为

$$v_A = \lim_{\Delta t \to 0} \frac{\Delta x}{\Delta t}$$

虽然上述引入对瞬时速度的概念作了详尽的阐述,但是对于学习高中物理不久的中学生来说,仍然常常会感到难以理解,思想上有种不自觉的抗拒感. 究其原因,主要有如下两个疑团:

① 为什么时间足够短时,所得的平均速度就是汽车经过 A 点的瞬时速度了? 足够短,究竟该多短?

② 当 $\Delta x \to 0$ 时,$\Delta t \to 0$,那么怎样去测量呢?

4 分割与积累思想的教学功能

实验与比喻

"实验是理解问题最好的帮手",对于上述问题,我们可以通过如下的实验去帮助理解.

实验装置如图 4.2 所示,主要由 DIS 实验系统(包括光电门传感器、数据采集器、数据线等)*、计算机、气垫导轨、滑块、遮光板(由不同宽度的不透明硬塑料片制成)等组成. 把气垫导轨放在实验台上,一端用垫圈垫高,使气垫导轨形成一个适当的斜面.

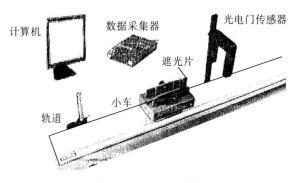

图 4.2 DIS 实验装置

设遮光板的宽度为 Δx,当滑块从气垫导轨上某处下滑经过固定在 P 处的光电门时,若测得遮光板的遮光时间为 Δt,那么滑块通过光电门的平均速度为

$$\bar{v} = \frac{\Delta x}{\Delta t}$$

改变遮光板的宽度 Δx,运动中的遮光时间 Δt 也会随之发生变化,从而可测量到通过不同位移时的平均速度(图 4.3). 表 4.1 就是某次实验记录的数据.

---

* DIS 实验系统是利用计算机接口技术,进行物理量采集、测量、数据记录及处理等,实现了中学物理实验与计算机组合的比较现代化的实验系统. 需要了解更多信息可以访问网站:http://www.dislab.net.

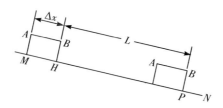

图 4.3　滑块运动示意图

表 4.1

实验次序	通过遮光板时间(s)	遮光板宽度 Δx(m)	平均速度 $\bar{v}$(m/s)
1	0.262 85	0.24	0.913
2	0.212 19	0.191	0.900
3	0.183 84	0.165	0.898
4	0.163 28	0.145	0.888
5	0.141 98	0.125	0.880
6	0.119 52	0.105	0.879
7	0.103 55	0.090	0.869
8	0.091 95	0.080	0.870
9	0.080 79	0.070	0.866
10	0.069 23	0.060	0.867
11	0.058 21	0.050	0.859
12	0.046 73	0.040	0.856
13	0.035 42	0.030	0.847

从表中数据可以看到,当遮光板的宽度 Δx 逐次减小时,排除由于偶然误差引起个别数据的微小偏差,平均速度值 $\bar{v}$ 单调减小,并趋向于一个确定值——瞬时速度*. Δx 越小,平均速度与瞬时速度的

---

* 理论分析指出,题中条件下的瞬时速度 $v = 0.846$ m/s.

差值也越小.这就说明:当遮光板的宽度 Δx 足够小时,遮光板经过光电门的平均速度可以看作是滑块通过光电门的瞬时速度.因此,同学们头脑中原来存在的 $\Delta t \to 0$、$\Delta x \to 0$ 的疑问,应该理解为仅具有数学推理的意义.

这个实验所反映的事实,还可以用一个通俗的比喻帮助理解.如果将全校 3 000 名学生按照身高依次排队,并编号 1、2、3、…、2 998、2 999、3 000,任意选取一名学生(例如编号为 1 200),将他(她)的身高与该生前后各 300 名学生的平均身高相比较,可能差别比较大.现在逐渐缩小比较的范围,将其身高与该生前后各 100 名、80 名、50 名……乃至前后各 10 名、5 名、3 名学生的平均身高相比较,其差别越来越小,当他(她)与前后各 1 名学生的平均身高相比较时,几乎已经没有差别了.生活中的这个比喻,可以很有效地帮助大家突破对瞬时速度认识的障碍.

(2) 向心加速度的方向为什么总是指向圆心

做匀速圆周运动的物体,其加速度的方向总是指向圆心,因此把做匀速圆周运动的物体所具有的加速度命名为向心加速度.

为什么做匀速圆周运动的物体,不论运动到什么位置,其加速度方向总是指向圆心?这也是许多同学在学习中一直感到困惑的问题.如果我们能够应用微元分割的方法揭示加速度的瞬时特性,上面的困惑也就迎刃而解了.

设一个做匀速圆周运动的物体沿圆周从任意点 A 运动到 B,对应的半径转过的角度为 φ(图 4.4).在 A 点速度为 v_A,在 B 点速度为 v_B,从 A 点到 B 点速度的变化为 Δv.

根据运动学中加速度的定义,物体由 A 运动到 B 的平均加速度为

$$\bar{a} = \frac{\Delta v}{\Delta t}$$

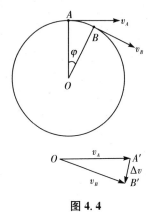

图 4.4

它的方向就是 Δv 的方向. 显然,对应于不同的时间区段,平均加速度的方向也不同.

为了研究当 B 逐渐靠近 A 的过程中,平均加速度方向变化的情况,可以作出相应的速度矢量三角形(图 4.4 下).

因物体做匀速圆周运动,故 $v_A = v_B = v$,△OAB 为等腰三角形,且

$$\angle OA'B' = \frac{\pi - \varphi}{2}$$

在 B 点向 A 点无限靠近的过程中,$\varphi \to 0$,所以 $\angle OA'B' \to \dfrac{\pi}{2}$.

这就是说,在极短时间内物体速度变化 Δv 的方向,也就是加速度的方向接近于 v_A 的垂线方向. 所以,在极限的条件下,加速度的方向指向圆心.

由上述分析我们可以看到,当 $\Delta t \to 0$ 时,所对应的物理意义是:物体由 A 运动到 B 时间内的平均加速度向 A 点的瞬时加速度转化,即

$$a = \lim_{\Delta t \to 0} \bar{a} = \lim_{\Delta t \to 0} \frac{\Delta v}{\Delta t}$$

加速度的方向不断靠近 v_A 的垂线方向,在极限条件下,A 点的加速度方向与 v_A 垂直,即指向圆心.

(3) 如何理解曲率半径

先来研究一个问题:我国发射第一颗人造卫星沿椭圆轨道绕地球运行,其近地点的距离 $R_1 = 439$ km,远地点的距离 $R_2 = 2\,384$ km,那么这颗卫星在近地点与远地点的运动速率之比为多少(图 4.5)?

分析与解答 一些同学根据由地球引力作为卫星向心力的关

系,列出在近地点和远地点的方程

$$G\frac{Mm}{R_1^2}=m\frac{v_1^2}{R_1}$$

$$G\frac{Mm}{R_2^2}=m\frac{v_2^2}{R_2}$$

式中 M、m 分别是地球和卫星的质量,v_1、v_2 分别为卫星在近地点和远地点的速率.两式相比,得

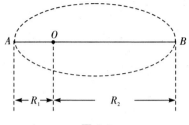

图 4.5

$$\frac{v_1}{v_2}=\sqrt{\frac{R_2}{R_1}}=\sqrt{\frac{2\,384}{439}}\approx 2.33$$

这样解答是否正确呢?只能遗憾地说:错了!因为近地点和远地点的距离,并不是卫星在这两处做圆周运动的半径.由于椭圆的每一处弯曲程度不同,也就是说,椭圆的每一处的曲率半径不同,因此上面的解答不正确.

卫星沿椭圆轨道运动时,与近地点和远地点所对应的圆周运动的半径应该是这两处内切圆的半径,如图 4.6 所示.由椭圆的对称性知,这两处圆周运动的半径相同,设为 R,于是由

$$G\frac{Mm}{R_1^2}=m\frac{v_1^2}{R},\quad G\frac{Mm}{R_2^2}=m\frac{v_2^2}{R}$$

联立两式得

$$\frac{v_1}{v_2}=\frac{R_2}{R_1}=\frac{2\,384}{439}\approx 5.43$$

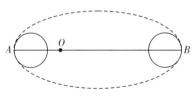

图 4.6

上面说到的曲率半径通常没有在高中物理课程中出现过,是一个新概念.那么,什么叫作曲率半径呢? 下面这两个近年的高考试题中包含着它的定义和在具体问题中的应用,练习一下会加深对它的认识.

例题 1(2011 安徽) 一般的曲线运动可以分成很多小段,每一小段都可以看成圆周运动的一部分,即把整条曲线用一系列不同半径的小圆弧来代替.如图 4.7(a) 所示,曲线上的 A 点的曲率圆定义为:通过 A 点和曲线上紧邻 A 点两侧的两点作一圆,在极限情况下,这个圆就叫作 A 点的曲率圆,其半径 ρ 叫作 A 点的曲率半径.现将一物体沿与水平面成 α 角的方向以速度 v_0 抛出,如图 4.7(b) 所示,则在其轨迹最高点 P 处的曲率半径是( ).

A. $\dfrac{v_0^2}{g}$ B. $\dfrac{v_0^2 \sin^2 \alpha}{g}$ C. $\dfrac{v_0^2 \cos^2 \alpha}{g}$ D. $\dfrac{v_0^2 \cos^2 \alpha}{g \sin \alpha}$

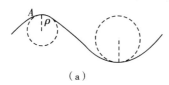
(a)
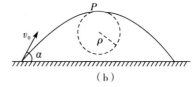
(b)

图 4.7

分析与解答 物体抛出后到达其轨迹最高点 P 时,只有水平分速度 $v_0 \cos \alpha$,根据题中所说曲率半径的意义可知,在最高点的瞬时加速度就是该处曲率圆的向心加速度.因此,由重力作为向心力的关系知

$$mg = m\frac{(v_0 \cos \alpha)^2}{\rho}$$

于是得最高点 P 的曲率半径

$$\rho = \frac{v_0^2 \cos^2 \alpha}{g}$$

所以 C 正确.

说明 曲率和曲率半径是高等数学中的一个概念,对它的理解就需要从微小量分割和极限概念去理解. 一般情况下,曲线上各处的曲率不同,即各处的曲率半径不同(图 4.8). 当给出曲线在某处的曲率半径后,那么在该处就可以适用圆周运动的一些规律.

图 4.8 优美的肥皂膜某处的曲率圆

例题 2(2008 江苏) 在场强为 B 的水平匀强磁场中,一质量为 m、带正电 q 的小球在 O 点静止释放,小球的运动曲线如图 4.9 所示. 已知此曲线在最低点的曲率半径为该点到 x 轴距离的 2 倍,重力加速度为 g. 求:

(1) 小球运动到任意位置 $P(x,y)$ 的速率 v;

(2) 小球在运动过程中第一次下降的最大距离 y_m.*

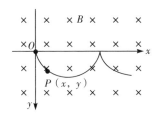

图 4.9

分析与解答 (1) 因洛伦兹力不做功,由动能定理

$$mgy = \frac{1}{2}mv^2 \qquad ①$$

---

* 原题还有:(3) 当在上述磁场中加一竖直向上场强为 $E(E > mg/q)$ 的匀强电场时,小球从 O 点静止释放后获得的最大速率 v_m. 请读者自己研究.

得
$$v=\sqrt{2gy} \qquad ②$$

（2）设在最大距离 y_m 处的速率为 v_m，根据圆周运动的向心力条件有
$$qv_mB-mg=m\frac{v_m^2}{R} \qquad ③$$

且由题中(1)的结果知
$$v_m=\sqrt{2gy_m} \qquad ④$$

联立两式，并结合条件
$$R=2y_m \qquad ⑤$$

得
$$y_m=\frac{2m^2g}{q^2B^2} \qquad ⑥$$

说明　一些同学提出疑问：题中所给定的运动轨迹并不是圆，为什么可以运用圆周运动的向心力公式解答呢？这些同学敢于对高考标准答案质疑的精神是非常难能可贵的，不过在这里，他们疏忽了，或者说，没有正确理解曲率半径的含义．

因为向心力本来只具有瞬时特性，即公式
$$F_n=m\frac{v^2}{R}$$

是针对着圆周运动中每个瞬时而言的．如今题中式 ③ 正是对应着小球到达最低点这一瞬间，式中 $R=2y_m$ 就是最低点的曲率半径．因此，表面上看来好像把向心力关系错用到了一般曲线，但实际上是针对着该处的曲率圆，所以式 ③ 完全合理，这个解法也完全合理．

通过上面的分析，现在你能否用自己的语言，对一般曲线某处的曲率半径作一说明呢？

（4）如何理解简谐运动中的平均速度与瞬时速度

简谐运动是一种不均匀变化的变速运动，对它的平均速度和瞬

4 分割与积累思想的教学功能

时速度的理解较困难.它的瞬时速度,通常需要根据振动方程借助微分方法才能计算.下面,我们结合振动图像运用微元法和极限概念,就可以在初等数学范围内更好地帮助大家认识这两个概念,并算出瞬时速度值.

设一个弹簧振子沿水平光滑直杆做简谐运动,如图 4.10(a) 所示.其振动图像如图 4.10(b) 所示,对应的振动方程为

$$x = A\cos \omega t$$

假设在某时刻 t,振子 M 的位移为 x,在时刻 $t+\Delta t$,对应的位移为 $x+\Delta x$,反映在振动图像上,它们对应着图 4.10(b) 中的 C、D 两点.

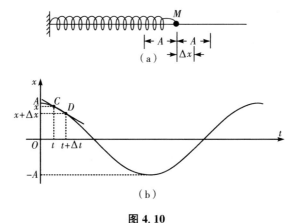

图 4.10

根据平均速度的定义,在 Δt 时间内振子的平均速度为

$$v = \frac{\Delta x}{\Delta t} \qquad ①$$

根据直线斜率的定义,图 4.10 中过 C、D 两点的割线斜率

$$k = \frac{\Delta x}{\Delta t} \qquad ②$$

这就是说,振动图线上与某段时间对应的两点(如 C、D)的割线斜率

k 的大小,等于弹簧振子在这段时间中的平均速度的大小.

当 $\Delta t \to 0$ 时,上述平均速度的极限就是瞬时速度,即

$$v = \lim_{\Delta t \to 0} \bar{v} = \lim_{\Delta t \to 0} \frac{\Delta x}{\Delta t}$$

反映在图像上,相当于令 D 点无限趋近 C 点,割线 CD 不断趋近过 C 点的切线 CD'(图中未画出). 设切线的斜率为 k',则从数学上说,k' 就是当 $\Delta t \to 0$ 时 k 的极限,即

$$k' = \lim_{\Delta t \to 0} k = \lim_{\Delta t \to 0} \frac{\Delta x}{\Delta t} = v$$

它的物理意义表示:振动图像上某时刻切线斜率 k' 的大小,等于振子 M 在该时刻瞬时速度的大小.

下面,我们根据振动方程通过极限运算进一步确定瞬时速度的大小:

$$\lim_{\Delta t \to 0} \frac{\Delta x}{\Delta t} = \lim_{\Delta t \to 0} \frac{A\cos\omega(t+\Delta t) - A\cos\omega t}{\Delta t}$$

$$= \lim_{\Delta t \to 0} \frac{A\cos\omega t \cos\omega\Delta t - A\sin\omega t \sin\omega\Delta t - A\cos\omega t}{\Delta t}$$

$$= \lim_{\Delta t \to 0} \frac{A\cos\omega t(\cos\omega\Delta t - 1)}{\Delta t} - \lim_{\Delta t \to 0} \frac{A\sin\omega t \sin\omega\Delta t}{\Delta t}$$

$$= A\cos\omega t \lim_{\Delta t \to 0} \frac{\frac{\omega}{2} \times 2\sin^2 \frac{\omega\Delta t}{2}}{\frac{\omega\Delta t}{2}} - A\omega\sin\omega t \lim_{\Delta t \to 0} \frac{\sin\omega\Delta t}{\omega\Delta t}$$

因为 $\dfrac{\sin\dfrac{\omega\Delta t}{2}}{\dfrac{\omega\Delta t}{2}} \to 1, \sin\dfrac{\omega\Delta t}{2} \to 0$,所以

$$\lim_{\Delta t \to 0} \frac{\Delta x}{\Delta t} = 0 - A\omega\sin\omega t \lim_{\Delta t \to 0} \frac{\sin\omega\Delta t}{\omega\Delta t} = -A\omega\sin\omega t$$

即当振子做简谐运动的振动方程为 $x = A\cos\omega t$ 时,对应的瞬时速度

随时间变化的关系为
$$v = -A\omega\sin\omega t$$

(5) 如何理解感应电动势的平均值与瞬时值

为了便于研究,假设一个面积为 S 的矩形闭合线圈,在磁感应强度为 B 的匀强磁场中绕垂直于磁感线的对称轴 OO',以角速度 ω 匀速旋转(图 4.11).若以线圈平面经过平行于磁感线的位置开始计,则通过线圈的磁通量为

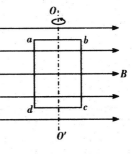

图 4.11

$$\varphi = \varphi_m \sin\omega t = BS\sin\omega t$$

其图像如图 4.12 所示.

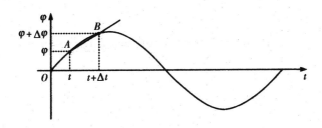

图 4.12

若在时刻 t 穿过线圈的磁通量为 φ,经过时间 Δt 后磁通量为 $\varphi + \Delta\varphi$.这两个时刻分别对应于图 4.12 中的 A、B 两点.过 A、B 两点引割线 AB,其斜率为

$$k = \tan\alpha = \frac{\Delta\varphi}{\Delta t}$$

显然,割线斜率 k 即为线圈在 Δt 时间内产生的平均电动势 $\bar{E}$.

当所取时间 Δt 逐渐减小,图 4.12 中的 B 点就逐渐靠近 A 点,割线 AB 将逐渐趋近于切线 AB'(图中未画出). 在 $\Delta t \to 0$ 的极限情况下,割线的斜率 k 就等于切线的斜率 k',平均电动势 $\bar{E}$ 等于时刻 t 的

瞬时电动势 e，即

$$k' = \lim_{\Delta t \to 0} k = \lim_{\Delta t \to 0} \frac{\Delta \varphi}{\Delta t} = e$$

也就是说，在 φ-t 图像上某点切线的斜率，等于该时刻感应电动势的瞬时值.

下面，我们同样可以借助极限知识，进一步确定感应电动势瞬时值的大小：

$$\lim_{\Delta t \to 0} \frac{\Delta \varphi}{\Delta t} = \lim_{\Delta t \to 0} \frac{\varphi_m \sin \omega(t + \Delta t) - \varphi_m \sin \omega t}{\Delta t}$$

$$= \lim_{\Delta t \to 0} \frac{\varphi_m \sin \omega t \cos \omega \Delta t + \varphi_m \cos \omega t \sin \omega \Delta t - \varphi_m \sin \omega t}{\Delta t}$$

$$= \lim_{\Delta t \to 0} \frac{\varphi_m \sin \omega t (\cos \omega \Delta t - 1)}{\Delta t} + \lim_{\Delta t \to 0} \frac{\varphi_m \cos \omega t \sin \omega \Delta t}{\Delta t}$$

$$= \varphi_m \sin \omega t \lim_{\Delta t \to 0} \frac{\cos \omega \Delta t - 1}{\Delta t} + \varphi_m \omega \cos \omega t \lim_{\Delta t \to 0} \frac{\sin \omega \Delta t}{\omega \Delta t}$$

式中

$$\lim_{\Delta t \to 0} \frac{\cos \omega \Delta t - 1}{\Delta t} = \lim_{\Delta t \to 0} \frac{\frac{\omega}{2} \times 2\sin^2 \frac{\omega \Delta t}{2}}{\frac{\omega \Delta t}{2}} = 0, \quad \lim_{\Delta t \to 0} \frac{\sin \omega \Delta t}{\omega \Delta t} = 1$$

得

$$e = \lim_{\Delta t \to 0} \bar{E} = \lim_{\Delta t \to 0} \frac{\Delta \varphi}{\Delta t} = \varphi_m \omega \cos \omega t$$

在 $\omega t = 0, \pi, 2\pi, 3\pi, \cdots$ 时刻，通过线圈内的磁通量 $\varphi = 0$. 在 φ-t 图上作对应各时刻的切线，如图 4.13 所示，它们与 t 轴间夹角为 $45°$（或 $135°$），其斜率即为该时刻线圈中产生的瞬时电动势，即

$$e = \varphi_m \omega \cos \omega t = \varphi_m \omega$$

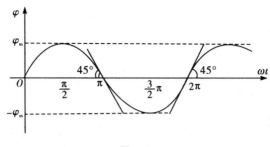

图 4.13

在 $t=\dfrac{\pi}{2},\dfrac{3\pi}{2},\dfrac{5\pi}{2},\cdots$ 时刻,通过线圈内的磁通量 $\varphi=\varphi_\mathrm{m}$. 同样在 $\varphi\text{-}t$ 图上作上述各时刻点的切线,它们均与 t 轴平行,其斜率即为该时刻线圈的即时电动势,即

$$e=\varphi_\mathrm{m}\omega\cos\omega t=0$$

由以上分析不难发现:线圈中产生的感应电动势与通过线圈的磁通量无关,仅与通过线圈的磁通量的变化率 $\dfrac{\Delta\varphi}{\Delta t}$ 有关.

 4.2 指导认识和掌握规律

(1) 变速直线运动的位移

物体做匀速直线运动时,位移公式是

$$s=vt$$

在 $v\text{-}t$ 图像上,对应于相应时间内与 t 轴之间的一块面积(图 4.14).

当物体做匀变速直线运动时,根据速度公式

$$v_t=v_0+at$$

作出相应的 $v\text{-}t$ 图像,如图 4.15 所示.

将运动时间 t 作 n 等分,设各等分点分别为 $t_1,t_2,\cdots,t_{n-1},t_n$. 在每一微小的时间间隔 Δt 内,由于时间很短,速度变化很小. 在 $\Delta t\to 0$

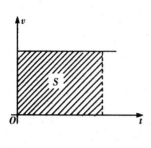

图 4.14　　　　　图 4.15

时,可以认为在这一微小时间中,物体做匀速直线运动.因而在 Δt 时间内发生的位移 Δs 为

$$\Delta s = v_i \Delta t$$

在 v-t 图像中,它对应着一个小矩形面积.

在 0—t 时间内,物体发生的位移为各微小时间间隔所对应的小矩形面积之和.即

$$\begin{aligned}s &= \Delta s_1 + \Delta s_2 + \Delta s_3 + \cdots + \Delta s_n \\ &= v_0 \Delta t + v_1 \Delta t + v_2 \Delta t + \cdots + v_{n-1} \Delta t\end{aligned}$$

式中不同时刻的速度依次为

$$v_1 = v_0 + a\Delta t$$
$$v_2 = v_1 + a\Delta t = v_0 + 2a\Delta t$$
$$v_3 = v_2 + a\Delta t = v_0 + 3a\Delta t$$
$$\cdots\cdots$$
$$v_{n-1} = v_0 + (n-1)a\Delta t$$

则

$$\begin{aligned}s &= v_0 \Delta t + (v_0 + a\Delta t)\Delta t + (v_0 + 2a\Delta t)\Delta t + \\ & \quad \cdots + [v_0 + (n-1)a\Delta t]\Delta t \\ &= \left(nv_0 + \frac{n^2 - n}{2} a\Delta t\right)\Delta t\end{aligned}$$

$$= n\Delta t v_0 + \frac{n^2}{2}a\Delta t^2 - \frac{n}{2}a\Delta t^2$$

因 $n\Delta t = t$，即 $\Delta t = \frac{t}{n}$，当 $\Delta t \to 0$ 时，$\lim_{\Delta t \to 0}\frac{n}{2}a\Delta t^2 = \lim_{\Delta t \to 0}\frac{1}{2}at\Delta t = 0$. 于是得

$$s = v_0 t + \frac{1}{2}at^2 \quad 或 \quad s = \frac{v_0 + v_t}{2}t$$

上式表明：匀变速直线运动的位移 s，在 $v\text{-}t$ 图像上可以用它与 t 轴之间所包围的一块面积来表示.

这个推理过程所反映的物理意义为：当 $\Delta t \to 0$ 时，一个匀变速直线运动可以转化为一系列匀速直线运动的积累.

对于任意的变速直线运动，我们可根据同样的道理推知，它在某段时间内的位移，一定等于其 $v\text{-}t$ 图像上相应时间内的一块面积. 所以，任何变速直线运动位移的计算实际上与匀速直线运动有着内在的一致性.

(2) 恒力的功与变力的功

物体在恒定的外力 F 作用下发生一段位移 s，外力在这段位移上对物体做的功为

$$W = Fs\cos\alpha$$

其中 α 为 F 与 s 之间的夹角.

当 F 与 s 同方向时，上式变为

$$W = Fs$$

在 $F\text{-}s$ 的图像上(图 4.16)，外力做功的数值，对应着图中的一块面积.

当物体做曲线运动或外力 F 随时间(或位移)发生变化时，为了计算外力所做的功，必须作如下两方面的转化，即曲与直的转化

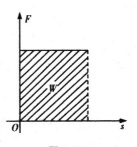

图 4.16

和变力与恒力的转化.下面,就中学物理中典型的变力做功问题分述如下.

① 圆周运动中向心力做功的特点

做圆周运动的物体,其向心力可以是单一的外力,也可以是几个外力的合力.

例如,一辆汽车沿半径为 R 的水平圆弧形道路转弯.汽车所受静摩擦力 f 作为圆周运动的向心力,如图 4.17 所示.在汽车转弯的过程中,摩擦力的大小不变,但方向在不断地变化.因而,对向心力做功的计算,就是一个变力做功问题.

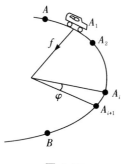

图 4.17

为了计算向心力做的功,我们把圆弧轨道作 n 等分,各分点依次为 $A, A_1, A_2, \cdots, A_{n-1}, B$. 对于每一小段圆弧,由于长度很短,因而弯曲很小,当 $n \to \infty$ 时,每小段圆弧 $\overset{\frown}{A_i A_{i+1}}$ 可以用对应的弦 $\overline{A_i A_{i+1}}$ 代替. 物体从 A_i 运动到 A_{i+1} 的过程中,向心力 f 所做的功 ΔW_i 为

$$\Delta W_i = f \overline{A_i A_{i+1}} \cos \alpha$$

式中

$$\alpha = \frac{\pi - \varphi}{2} = \frac{\pi}{2} - \frac{\varphi}{2}$$

这里的 φ 为弧 $A_i A_{i+1}$ 所对的圆心角. 当 $n \to \infty$ 时,有

$$A_i A_{i+1} \to 0, \quad \varphi \to 0, \quad \alpha \to \frac{\pi}{2}, \quad \cos \alpha \to 0$$

汽车沿圆弧运动的整个过程中,向心力 f 所做的总功为

$$W = \Delta W_1 + \Delta W_2 + \Delta W_3 + \cdots + \Delta W_n = 0$$

由此可得如下结论:物体做圆周运动的过程中,向心力不做功.

对其他所有的匀速圆周运动,如圆锥摆运动、匀强磁场中带电粒子的匀速圆周运动等,我们可得出同样的结论. 因此,所有匀速圆周运动中的向心力都不做功.

② 重力做功的特点

在重力场中,一个质量为 m 的物体从位置 A 沿任意路径运动到 B(图 4.18). 物体受到的重力 mg 可以看作恒力. 为了计算物体沿曲线路径移动时重力的功,可以采用微元分割,把曲线转化为直线的方法.

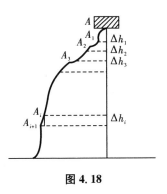

图 4.18

首先,将曲线 AB 作 n 等分,各分点依次为 $A, A_1, A_2, \cdots, A_{n-1}, B$. 当 $n \to \infty$ 时,各微段的路程 Δs 可以认为是直线. 对于任意微段,物体从 A_i 运动到 A_{i+1},重力做功为

$$\Delta W_i = mg \overline{A_i A_{i+1}} \cos \alpha$$

将 $\overline{A_i A_{i+1}}$ 分解成平行于重力方向的分量 Δh_i,垂直于重力方向的分量 $\Delta h_i'$,由

$$\overline{A_i A_{i+1}} \cos \alpha = \Delta h_i$$

得

$$\Delta W_i = mg \Delta h_i$$

物体从 A 沿任意路径运动到 B 的过程中,重力所做的总功为

$$\begin{aligned} W &= \Delta W_1 + \Delta W_2 + \Delta W_3 + \cdots + \Delta W_n \\ &= mg \Delta h_1 + mg \Delta h_2 + mg \Delta h_3 + \cdots + mg \Delta h_n \\ &= mg (\Delta h_1 + \Delta h_2 + \Delta h_3 + \cdots + \Delta h_n) \\ &= mg \Delta h \end{aligned}$$

或者表达为

$$W = mg(h_2 - h_1)$$

根据上述推导,我们可以得出如下结论:重力做功只与始末位置

有关,而与通过的具体路径无关.也就是说,在竖直高度差一定的两位置间,物体沿任何路径运动时重力所做的功都一样.

③ 弹力做功的特点

根据胡克定律,弹簧形变时产生的弹力 F 与形变量(伸长量或缩短量)x 成正比,用公式表示为 $F=kx$,因而在研究弹力做功(或外力克服弹力做功)时,必须首先实现变力与恒力的转化.

如图 4.19 所示,设 O 点为弹簧振子的平衡位置,在外力作用下弹簧的伸长量从 x_1 增加到 x_2.作出 F-x 图像如图 4.20 所示,将图中弹簧振子的位移 x_2-x_1 作 n 等分,各分点分别为 $A_1,A_2,\cdots,A_{n-1}$,A_n,各相邻分点间位移为 Δx.在各微段中,由于位移很小,可以认为弹力的变化很小.当 $n \to \infty$ 时,$\Delta x \to 0$,可以认为弹力为一恒力.因此,在任意一微段上外力做功为

$$\Delta W_i = F_i \Delta x$$

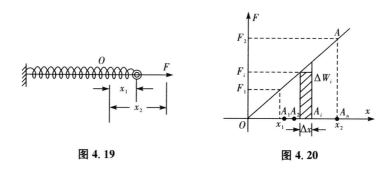

图 4.19　　　　　　图 4.20

在 F-x 图中,ΔW_i 为一小矩形面积.当 $\Delta x \to 0$ 时,则小矩形面积趋近对应小梯形面积.在整个位移 x_2-x_1 中弹力 F 所做的总功为

$$W = \Delta W_1 + \Delta W_2 + \Delta W_3 + \cdots + \Delta W_n$$

它对应着 F-x 图像中各个小矩形面积之和.在 $n \to \infty$ 的条件下各小矩形面积之和趋近于它所对应的梯形的面积,故得

$$W = \frac{1}{2}(F_1 + F_2)(x_2 - x_1)$$

式中 $F_1=kx_1, F_2=kx_2$,于是上式可写成

$$W=\frac{1}{2}(kx_1+kx_2)(x_2-x_1)=\frac{1}{2}k(x_2^2-x_1^2)$$

当 $x_1=0$ 时,上式可以转化为更简单的形式

$$W=\frac{1}{2}kx_2^2 \quad 即 \quad W=\frac{1}{2}kx^2$$

这就是说,在弹簧的伸长或压缩过程中,弹力的功与相对于弹簧原长的形变量的平方成正比.

不计弹簧的质量和进行缓慢形变时,弹簧的弹力 F 和使它形变的外力 F' 大小相等.因此,用外力拉伸或压缩弹簧时做的功也与弹簧的伸长量或压缩量的平方成正比.

用外力拉伸或压缩弹簧时的功转化为弹簧的弹性势能.因此,弹性势能可表述为

$$E_p=\frac{1}{2}kx^2$$

④ 引力做功的特点

根据万有引力定律,地球对物体的引力为

$$F=G\frac{Mm}{r^2}$$

式中 M、m 分别为地球和物体的质量,r 为物体离开地心的距离.由于地球对物体引力的大小随物体离开地心的距离的变化而变化,因此,对引力做功的计算,也必须设法将变力转化为恒力.

若某物体在外力作用下从地球表面移至离地球距离为 H 处,且 $H \ll R$(图4.21).为了计算这个过程中地球引力所做的功,可作出地球引力 F-x 图像,如图4.22所示.将位移 H 作 n 等分,每一等分的小段位移为 Δx.由于位移 Δx 很小,在每一等分 Δx 中可以认为引力的大小不变.因此,在任意一小段位移 Δx 中引力所做的功为

$$\Delta W_i=F_i\Delta x$$

在 F-x 图像中这一小段位移上引力做的功,表示为斜线部分小矩形面积.

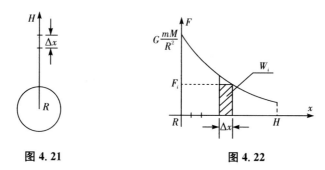

图 4.21　　　　　　　　图 4.22

从地球表面开始的各分点对地球中心的位移分别为:

$$R$$

$$R + \frac{H}{n} = R\left(1 + \frac{H}{nR}\right) \approx R\left(1 + \frac{H}{R}\right)^{\frac{1}{n}}$$

$$R + 2\frac{H}{n} = R\left(1 + \frac{2H}{nR}\right) \approx R\left(1 + \frac{H}{R}\right)^{\frac{2}{n}}$$

……

$$R + n\frac{H}{n} = R\left(1 + \frac{nH}{nR}\right) \approx R\left(1 + \frac{H}{R}\right)^{\frac{n}{n}}$$

令 $q = \left(1 + \frac{H}{R}\right)^{\frac{1}{n}}$,显然 $q > 1$. 因为 $H \ll R$,因此,当 $n \to \infty$ 时,$q \to 1$,上述各位移可分别写为

$$R, \quad Rq, \quad Rq^2, \quad \cdots, \quad Rq^n$$

每小段位移的长度依次为

$$R(q-1), \quad R(q-1)q, \quad R(q-1)q^2, \quad \cdots, \quad R(q-1)q^{n-1}$$

因

$$\Delta W_i = F_i \Delta x = \frac{GmM}{(R+x)^2}\Delta x$$

所以

$$W_{引} = \Delta W_1 + \Delta W_2 + \Delta W_3 + \cdots + \Delta W_n$$

$$= \frac{GmM}{R^2}R(q-1) + \frac{GmM}{R^2 q^2}Rq(q-1) + \frac{GmM}{R^2 q^4}Rq^2(q-1)$$

$$+ \cdots + \frac{GmM}{R^2 q^{2n-2}}Rq^{n-1}(q-1)$$

$$= \frac{GmM}{R}(q-1)\left(1 + \frac{1}{q} + \frac{1}{q^2} + \frac{1}{q^3} + \cdots + \frac{1}{q^{n-1}}\right)$$

$$= \frac{GmM}{R}(q-1)\frac{1 - \frac{1}{q^n}}{1 - \frac{1}{q}}$$

$$= \frac{GmM}{R}\sqrt[n]{\frac{R+H}{R}}\left(1 - \frac{1}{1 + \frac{H}{R}}\right)$$

$$= GmM\left(\frac{1}{R} - \frac{1}{R+H}\right)\sqrt[n]{1 + \frac{H}{R}}$$

当 $n \to \infty$ 时,$\sqrt[n]{1 + \frac{H}{R}} \to 1$,于是有

$$W_{引} = GmM\left(\frac{1}{R} - \frac{1}{R+H}\right)$$

在 $F\text{-}x$ 图像中,$W_{引}$ 的值即为曲线与 x 轴之间所夹的面积值.

同理,在电量为 Q 的点电荷形成的电场中,点电荷 q 从离开 Q 的距离为 r_1 运动到 r_2 的过程中,静电引力(或斥力)所做的功 W 可表示为

$$W_{电} = kQq\left(\frac{1}{r_1} - \frac{1}{r_2}\right)$$

有兴趣的读者可以自己推导一下.

⑤ 电场力做功的特点

假设在电场强度为 E 的匀强电场中,一个正电荷 q 从 A 沿任意路径运动到 B(图 4.23).由于电荷 q 在电场中所受电场力 $F = Eq$ 为

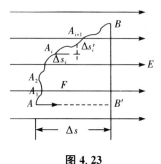

图 4.23

一恒力,为了计算电荷沿任意路径 AB 运动时电场力所做的功,可以采用与重力做功类似的方法进行计算.

将任意路径 AB 作 n 等分,各分点依次为 $A,A_1,A_2,\cdots,A_{n-1},B$. 当 $n\to\infty$ 时,各微段可视为一直线. 因而,在任意微段 A_iA_{i+1} 上电场力做功为

$$\Delta W_i = Eq\overline{A_iA_{i+1}}\cos\alpha$$

式中 α 为微段 A_iA_{i+1} 与场强方向间的夹角.

将位移 $\overline{A_iA_{i+1}}$ 分解成平行于电场强度方向上的分量 Δs_i 和垂直于电场强度方向上的分量 $\Delta s'_i$. 则 $\Delta s_i = \overline{A_iA_{i+1}}\cos\alpha$,因此得

$$\Delta W_i = Eq\Delta s_i$$

电荷 q 从 A 沿任意路径运动到 B,电场力所做的总功为

$$\begin{aligned}W &= \Delta W_1 + \Delta W_2 + \Delta W_3 + \cdots + \Delta W_n \\ &= Eq\Delta s_1 + Eq\Delta s_2 + Eq\Delta s_3 + \cdots + Eq\Delta s_n \\ &= Eq\Delta s\end{aligned}$$

式中 Δs 为曲线 AB 在电场方向上的投影长度.

由上面的推导可知:电场力做功也只与始末位置有关,与通过的具体路径无关. 当 $\Delta s = 0$ 时,即电荷 q 沿任意路径运动最终又回到原位置时,电场力做功为零. 所以,电荷在静电场中沿任意闭合路径运动一周,电场力做功一定为零. 这是静电场的一个十分重要的特性.

(3) 磁场中通电导体受力有效长度的确定

根据安培力公式,在磁感应强度为 B 的匀强磁场中,垂直磁场放置一根长 l 的导体棒,当棒中通以电流强度为 I 的电流时,导体棒所受的磁场力(安培力)为

$$F = BIl$$

4 分割与积累思想的教学功能

若在匀强磁场中垂直磁场放置一根弯曲的通电导体,它所受到的安培力又该怎样计算呢?

这时,就可以根据在无限细分条件下,曲线趋近于直线的道理,把弯曲的导体转化为许多小段直导线的积累,然后再运用安培力公式进行计算.

为方便起见,我们先研究一根半径为 R 的半圆形导体棒所受的安培力(假设导体棒受力时形状不变).

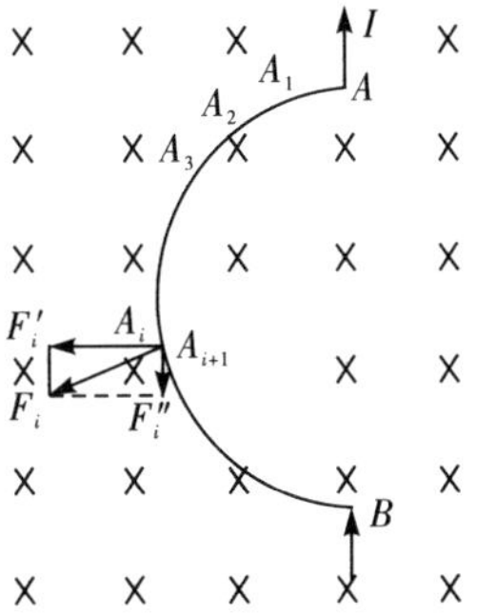

如图 4.24 所示,先将半圆形导线作 n 等分,各分点分别为 $A, A_1, A_2, \cdots, A_{n-1}, B$. 设各小段导线的长为 Δl. 由于 Δl 很短,因而 Δl 的弯曲程度很小. 当 $n \to \infty, \Delta l \to 0$ 时,Δl 可视为一直线.

图 4.24

对于任意小段导线 $A_i A_{i+1}$,它所受磁场力为
$$F_i = BI\overline{A_i A_{i+1}}$$

将 F_i 分解成垂直于导体两端点连线 AB 的磁场力分量 F_i' 与平行于 AB 连线的磁场力分量 F_i''. 其中
$$F_i' = F_i \cos \alpha = BI\Delta l \cos \alpha = BI\Delta h_i$$
$$F_i'' = F_i \sin \alpha = BI\Delta l \sin \alpha$$

式中 Δh_i 为 Δl 在 AB 连线上投影的长度.

半圆形导线 AB 所受磁场力的合力 F 为
$$F = F_1 + F_2 + \cdots + F_n$$

在垂直于 AB 方向上导线受到的力为
$$\begin{aligned}F' &= F_1' + F_2' + \cdots + F_n' \\ &= BI\Delta l_1 \cos \alpha_1 + BI\Delta l_2 \cos \alpha_2 + BI\Delta l_3 \cos \alpha_3 + \cdots + BI\Delta l_n \cos \alpha_n \\ &= BI(\Delta l_1 \cos \alpha_1 + \Delta l_2 \cos \alpha_2 + \Delta l_3 \cos \alpha_3 + \cdots + \Delta l_n \cos \alpha_n) \\ &= BI(\Delta h_1 + \Delta h_2 + \Delta h_3 + \cdots + \Delta h_n)\end{aligned}$$

$$= BI \cdot 2R = 2BIR$$

在平行于 AB 方向上导线受力

$$F'' = F_1'' + F_2'' + \cdots + F_n''$$

由图 4.25 可知,处于对称位置的两个平行于 AB 方向的分力互相抵消,即

$$F_1'' = -F_n'', \quad F_2'' = -F_{n-1}'', \quad \cdots, \quad F_{n/2}'' = -F_{n/2+1}''$$

则

$$F'' = 0$$

因此,半圆形导线所受磁场力的合力大小为

$$F = 2BIR$$

我们把导线两端点的连线 AB 的长(即 2R)称为通电导线在磁场中的等效受力长度.上式表示,垂直放置在匀强磁场中的一根半圆形通电导线,它所受安培力的合力,与一根长度等于其直径的通电导线等效.

现在,我们来进一步研究当导线大于半圆时的情况,如图 4.26 所示.

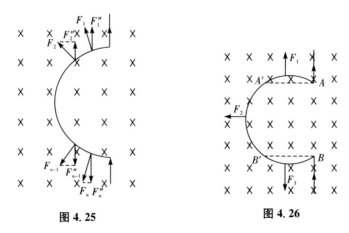

图 4.25 　　　　图 4.26

为此,作如下处理:将圆弧形导线分成三部分:AA'、$A'B'$、$B'B$. 其中 $AA' \perp AB$,$BB' \perp AB$. 根据上述结论,可以推知

4 分割与积累思想的教学功能

$$F_1 = BI \cdot AA', \quad F_2 = BI \cdot A'B', \quad F_3 = BI \cdot B'B$$

根据对称性,有

$$F_1 = -F_3$$

因此导线所受磁场力的合力 F 为

$$F = F_2 = BI \cdot A'B' = BI \cdot AB$$

其中 AB 连线的长即为通电导线在磁场中等效受力长度.

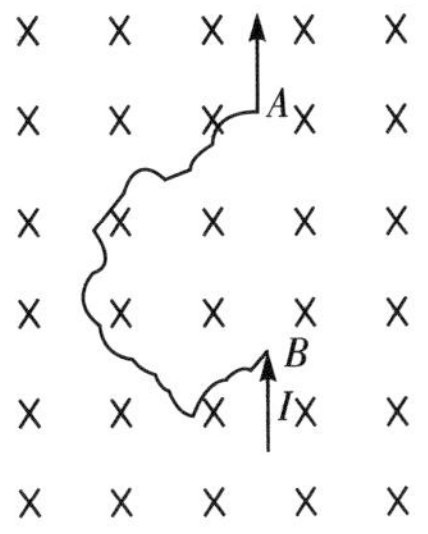

在磁感应强度为 B 的匀强磁场中,垂直磁场放置一根通有电流为 I 的任意形状导线(图 4.27),同理推知,它的等效受力长度即为导线两端点间的长度,即

$$l = \overline{AB}$$

图 4.27

因此,当通电导线为一闭合曲线时,根据上述道理可知,它受力的有效长度为零,表明它所受磁场力的合力一定为零.

(4) 有效切割长度的确定

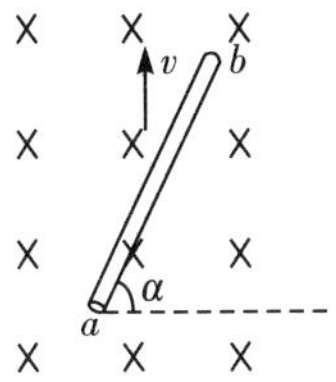

我们先研究一个具体问题:如图 4.28 所示,一根长 $l = 1$ m 的导线,放在垂直纸面向内的匀强磁场中,磁感应强度 $B = 0.1$ T,导线与水平方向间的夹角 $\alpha = 60°$. 当导线在纸面内以速度 $v = 2$ m/s 向上平移时,导线中产生的感应电动势多大?

图 4.28

一些同学熟记公式 $E = Blv\sin\alpha$ 中的角度 α 是切割速度与磁感线方向间的夹角,题设导线运动速度始终垂直于磁场方向,即 $\alpha = 90°$,于是得

$$E = Blv\sin\alpha = 0.1 \times 1 \times 2 \times \sin 90° \text{ V} = 0.2 \text{ V}$$

这样的解答就错了!原因是这些同学机械地套用了公式,没有认识到公式 $E = Blv\sin\alpha$ 的适用条件.

必须注意:教材中是在导线与磁场垂直、切割速度与导线垂直,

图 4.29

而切割速度与磁场方向间有夹角 α 时,才得出这个公式的. 如今的切割速度与导线并不垂直,因此就不能照搬公式.

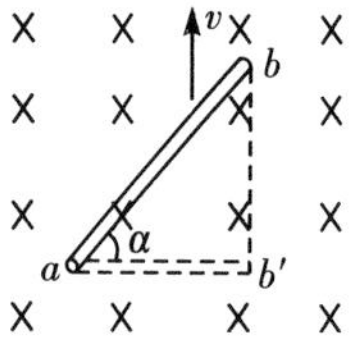

正确的方法应该是根据导线在纸面内向上平移,找出它切割磁感线的有效切割长度,相当于导线 ab 在水平面上的投影. 如图 4.29 中 ab' 所示,于是得感应电动势的大小为

$$E = Bl_{\text{有效}} v\sin\alpha = B \cdot ab\cos\alpha \cdot v\sin 90°$$
$$= 0.1 \times 1 \times \cos 60° \times 2 \times 1 \text{ V} = 0.1 \text{ V}$$

由此可见,在一般情况下,当 B、l、v 三者成任意角度时,计算感应电动势时就需要找出它们互相垂直的有效分量,分别表示为 $B_\perp$、$l_\perp$、$v_\perp$,因此感应电动势的计算式就可以表示为

$$E = B_\perp l_\perp v_\perp$$

在中学物理所研究的问题中,比较普遍的是有两个量垂直,另一个量不垂直. 如果导线(l)没有满足互相垂直的条件,那么它在垂直于 B、v 所在平面上的投影长度,就称为导线的有效切割长度.

有效切割长度的这个含义,对弯曲导线同样适用. 如图 4.30 所示,设有一根任意形状的弯曲导线在匀强磁场中以速度 v 做切割磁感线的运动.

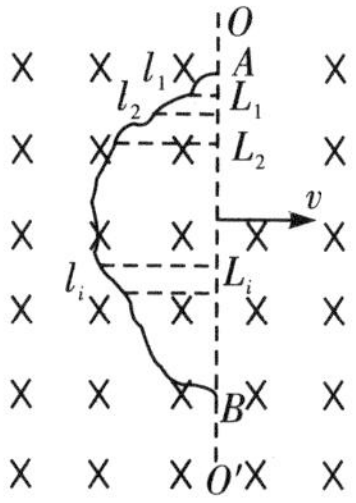

为了研究方便,我们先讨论速度与端点 AB 连线垂直的情况. 为此,先将曲线 AB 作 n 等分,每一小段的长度 $l_1 = l_2 = \cdots = l_i = \Delta l$,当 $n \to \infty$ 时,$\Delta l \to 0$,此时的每一小段 Δl 可视为一直线. 过 A 点作垂直于 B、v 所在平面的垂线 OO',显然 OO' 与 AB 重合.

图 4.30

设任一小段 l_i 在 OO' 上的投影为 L_i,这里的 L_i 就是 l_i 的有效切割长度. 通过微元分析就可以得出曲线 AB 总的有效切割长度为

$$l = L_1 + L_2 + \cdots + L_n = \overline{AB}$$

若导线运动速度 v 与导线两端点连线间的夹角为 φ，如图 4.31 所示，导线的有效切割长度为

$$l = AB' = AB\sin\varphi$$

对于任意曲线形导线(图 4.32)，设导线在垂直于 v、B 所在平面的直线 OO' 上的投影长度为 CD，导线切割磁感线的过程中，由于 C_0A 与 C_0A_0、D_0B 与 D_0B_0(其中 C、A、B、D 分别是 C_0、A_0、B_0、D_0 在 OO' 上的投影)产生的感应电动势分别大小相等，方向相反，互相抵消，因而真正的有效切割长度就是 AB，产生的感应电动势为

$$E = Blv = B \cdot AB \cdot v$$

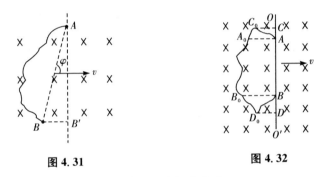

图 4.31　　　　　　　　图 4.32

若 v 与 A、B 连线成夹角 φ，则电动势为

$$E = B \cdot AB \cdot v\sin\varphi$$

所以，当导线做切割磁感线运动时，必须明确有效切割长度，或者，更一般地说，必须找出 B、l、v 中互相垂直的三个分量，才能正确算出感应电动势的大小．

4.3　解释现象和处理数据

(1) 热膨胀佯谬

我们知道，一般金属受热时通常都会膨胀．如图 4.33 所示有一个金属球，在常温下它刚好不能通过金属圆环，那么当金属圆环充分

受热时,金属球能否顺利通过金属圆环呢?

金属圆环　　　　金属球

图 4.33

对这个问题常见的有如下三种回答:

① 根据热膨胀原理,金属环受热后将向各个方向膨胀.由于圆环的径向伸长,从而使内径减小,因而金属球不能通过圆环.

② 当金属圆环受热膨胀时,产生两种趋势:一方面由于圆环的径向膨胀从而使金属圆环内径减小,外径增大;另一方面又由于金属圆环的周向膨胀而使整个圆环的圆周伸长,从而金属圆环的内、外径同时增大.这样两种对立的因素共同作用的结果,形成两种可能:当周向膨胀大于径向膨胀时,内径增大,此时金属球可能会通过金属圆环;当周向膨胀小于径向膨胀时,内径减小,金属球不能通过金属圆环.

③ 金属圆环受热时,只有圆环的周向膨胀,内径和外径都总是增大,因而金属球总是能顺利通过金属圆环.

金属圆环受热膨胀后,内径究竟是增大还是缩小? 通过实验验证,金属圆环在受热膨胀时内径与外径都会增大,这意味着金属圆环在径向上作单向膨胀.上述关于热膨胀的前两种看法,似是而非,常使人觉得难辨真伪,饶有兴趣,因此,常把这一问题称为"热膨胀佯谬".

当我们应用分割与积累方法去分析上述热膨胀佯谬时,结果就一目了然了.

我们可以把整个金属圆环看成是由 n 个很薄的金属圆环积累起来的,如图 4.34(a)所示.当 $n \to \infty$ 时,各个薄圆环可以看成一系列只有长度而没有厚度的理想金属丝. 将这一系列的金属丝展开, 如图 4.34(b) 所示, 其长度从内到外逐渐增大. 由于各金属丝的材料相同, 当这一系列的金属丝受热膨胀时, 每一条金属丝的长度都将伸长. 在 n 根金属丝中, 最短的那根金属丝的伸长决定金属圆环内径的增大; 最长的那根金属丝的伸长决定金属圆环外径的增大. 可见, 当金属圆环受热膨胀时, 圆环内径和外径都会增大. 所以金属圆环充分受热后, 金属球总是能通过金属圆环, 这与实验的事实完全吻合.

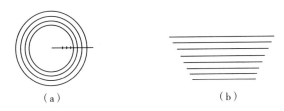

图 4.34

(2) 变压器铁芯结构与涡电流

变压器是电力传输系统中不可缺少的关键设备, 它的铁芯是由硅钢片经绝缘处理后迭压而成的. 采用这种结构的目的, 是为了有效地减小铁芯中涡电流产生的能耗.

如图 4.35(a) 所示, 当变压器线圈接上交变电源时, 在线圈中将产生随时间变化的交变电流, 因而在铁芯中将产生随时间变化的交变磁通.

假设变压器的铁芯是一个整体. 根据分割与积累的思维方法, 我们可以设想把整块铁芯分割成由内向外的 n 个薄金属桶. 每一个金属桶又可以分割成 n' 个金属框, 如图 4.35(b) 所示. 由于这些金属框内通过的磁通量随时间而变化, 框中将产生一个随时间变化的感应电流. 这种像水中所形成的漩涡一样的感应电流, 称为涡电流.

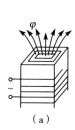 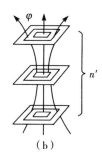

图 4.35

由于整块铁芯对涡流回路的电阻很小,能形成很强的涡流,从而使铁芯发热,会损耗很大一部分电能.为了减小损耗,提高电能传输效益,因此实际使用的变压器的铁芯不是一个整体,而是用相互绝缘的硅钢片迭压而成.这样可以增大涡流回路的电阻,减小涡电流,从而减少能量损失.

不过,涡流也有可以利用的地方.生产和科学研究中使用的高频感应炉,恰好就是利用涡电流的热效应来工作的.如图 4.36 所示,把需要冶炼的金属原料放在一个坩埚内,再把坩埚放在感应炉的线圈中.当线圈中通以高频电流后,利用金属块中的涡电流,就能使金属自身加热直至熔化.

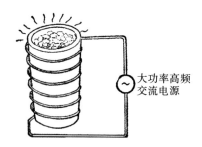

图 4.36

下面这个问题,会有助于你加深对涡流的认识,请练习一下.如果有条件,还可对此课题进行实验探究.

练习题

(2014 江苏) 如图 4.37 所示,在线圈上端放置一盛有冷水的金属杯,现接通交流电源,过了几分钟,杯内的水沸腾起来.若要缩短加热时间,下列措施可行的有( ).

A. 增加线圈的匝数
B. 提高交流电的频率
C. 将金属杯换为瓷杯
D. 取走线圈中的铁芯

图 4.37

(3) 电磁阻尼

我们先观察一个实验现象:如图 4.38 所示,在电磁铁的两极之间悬挂一个用金属板制成的摆.当电磁铁不通电,两极间没有磁场时,金属摆摆动起来后,要经历比较长的一段时间才会停下来.当电磁铁通电后,两极间有了磁场,再使金属摆摆动起来后,可以发现它很快就会停下来.

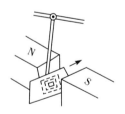

图 4.38

这是什么原因呢?原来也是涡流的作用.这个金属摆可以分割成许多大小不一的矩形金属框,当摆如图 4.38 中所示向着两个磁极间摆动时,由于穿过每个金属框的磁通量增加,形成如虚线所示顺时针方向的涡电流,从而会受到磁场力(安培力)的作用,其方向与摆的运动方向相反,阻碍着摆的运动.并且,无论金属摆是进入磁场,还是离开磁场,磁场对涡流的作用力方向总是起着阻碍金属摆运动的作用(图 4.39).磁场对金属板(或线圈)所形成的阻碍其运动的作用,称为电磁阻尼.

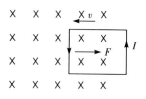   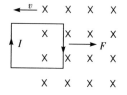

（a）金属板（或线圈）进入磁场　　　（b）金属板（或线圈）离开磁场

图 4.39　电磁阻尼

图(a)中,线圈进入磁场时,由于线圈内部磁通量增加,闭合线圈内将产生感应电流.其方向如图,根据左手定则,感应电流所受到的磁场力的方向将阻碍线圈运动.同理,图(b)中线圈离开磁场时,同样会受到一个阻碍其运动的磁场力作用.

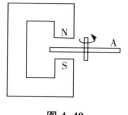

图 4.40

在电气仪表中常会应用到电磁阻尼的作用.图 4.40 所示就是电能表中的一种电磁阻尼装置.A 为金属转盘,当它转动时,蹄形磁铁的磁场将产生一种阻碍转盘转动的作用.这里的阻尼作用表现得比上面的金属摆更为隐蔽.

为了认识其产生原因,我们可以将金属转盘进入磁场的部分进行环状分割,如图 4.41(a) 所示.整块的金属平面可以看成是 n 个线框的组合.这些线框进入磁场时,磁通量将增加,线框中将产生逆时针方向流动的电流(涡电流),使线框受到一个与金属转盘转动方向相反的磁场力的作用.同理,这些线框离开磁场时,如图 4.41(b) 所示,将同样受到一个阻碍其运动的电磁力的作用.这种阻碍作用,就是电度表中金属转盘的阻尼作用.

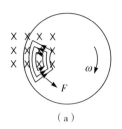　　　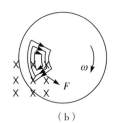

　　（a）　　　　　　　　　　（b）

图 4.41

4 分割与积累思想的教学功能

物理实验室里所用磁电式电表,其线圈常绕在一个很轻的铝框上,当线圈中通以电流在磁场力的力矩作用下带动指针转动时,这个铝框因转动而切割磁感线会产生感应电流.于是,由于铝框的"电磁阻尼"作用,可以使指针较快地停留在某一个该指示的位置上,不至于因惯性作用来回颠动,影响读数.

如果你对电磁阻尼有了一定的认识,请对下面这个"小经验"解释一下.

思考题:实验室的老师在搬运灵敏度比较高(即满偏电流很小)的电表时,常常先在两接线柱间加上短路线(即把两个接线柱用导线直接连接起来),为什么要这样做?

(4) 电容器带电量的测定与数据处理

我们知道,电容器的带电量 Q 与电容量 C 及其电压 U 之间存在如下关系:

$$Q = CU$$

在中学物理实验中,电压值可以直接由电压表测量,电量却没有专门仪器测定.为了解决电量的测定,常用的方法是测定电容器放电的电流与时间.

测量电路如图 4.42 所示. 实验步骤:先合上 S, S_1,打开 S_2,对电

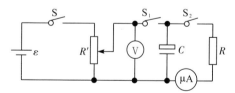

图 4.42　实验电路与器材规格

电容器标称值　　$1\,000\ \mu F/16\ V$

充电电压　　　　$U_F = 9.0\ V$

电阻标称值　　　$R = 24\ k\Omega$

微安表量程　　　$500\ \mu A$

容器 C 充电. 当电容器上达到稳定电压后, 打开 S、S_1, 合上 S_2, 电容器 C 开始放电, 并每隔 10 s 记录一次放电电流值.

某次实验所得数据如表 4.2 所示.

表 4.2　电容器放电电流与时间关系表

序号	1	2	3	4	5	6	7	8	9	10	11	12	13	14
$t(s)$	0	10	20	30	40	50	60	70	80	90	100	110	120	130
$i(\mu A)$	340	250	190	150	120	90	70	50	40	35	30	25	15	10

根据实验数据作出 i-t 图像, 如图 4.43 所示.

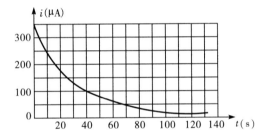

图 4.43　电容器的放电曲线

在恒定电流的 I-t 图像中, 某段时间内通过导体横截面的电量, 数值上就等于 I-t 图像中相应时间内的一块面积(图 4.44), 即

$$Q = It$$

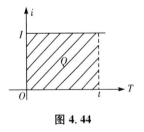

图 4.44

为了确定电容器所带电量 Q 的值, 可以借用这个道理. 为此, 先将整个放电时间分割成 n 等份, 每一等份中放电曲线与时间轴间所夹的面积为一个曲边梯形. 当 $n \to \infty$ 时, 它的任一微段时间 $\Delta t_i \to 0$. 在这一极短时间 Δt_i 内, 电流的变化极小, 可以看作稳恒电流. 也就是说, 在 $\Delta t \to 0$ 时, 放电曲线与时间轴间形成的许多曲边梯形可以转化为许多小矩形. 根据恒定电流中电量的计算方法可知, 在 $\Delta t \to 0$ 的条件下, 电容

4 分割与积累思想的教学功能

器在放电时间 t 内总的放电电量为

$$Q = \Delta Q_1 + \Delta Q_2 + \cdots + \Delta Q_n = I_1 \Delta t + I_2 \Delta t + \cdots + I_n \Delta t$$

数值上就等于放电曲线下相应时间内的面积.

在实验数据处理中,Δt 不可能真正趋近于零,而只能是一个有限小的数值,上面的实验中取 $\Delta t = 10$ s.

显然,当 i 取 Δt 开始时刻的电流值 i_i 时,根据公式 $\Delta Q = I \Delta t$ 算出的放电电量 ΔQ 偏大;当 i 取 Δt 终末时刻的电流值 i'_i 时,则 $\Delta Q'$ 偏小(图 4.45).为了减小系统误差,通常可以取每小段时间始、末时刻电流的平均值.

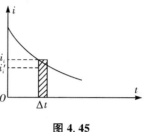

图 4.45

根据上面的实验数据,并考虑到尽量减小系统误差,可取各时间分段内的电流值依次为

$$I_1 = \frac{340 + 250}{2} \ \mu\text{A} = 295 \ \mu\text{A}$$

$$I_2 = \frac{250 + 190}{2} \ \mu\text{A} = 220 \ \mu\text{A}$$

……

然后算出放电的总电量

$$Q = I_1 \Delta t + I_2 \Delta t + \cdots + I_n \Delta t = (295 + 220 + \cdots) \times 10^{-6} \times 10 \ \text{C}$$
$$= 1.24 \times 10^{-2} \ \text{C}$$

于是得被测电容器的电容量大小为

$$C = \frac{Q}{U} = \frac{1.24 \times 10^{-2}}{9.0} \ \text{F} \approx 1.4 \times 10^3 \ \mu\text{F}$$

有时,为了比较方便地处理实验数据,可以将上述这种理论上的"分割-积累"方法简化为"小方格估算法"——直接利用方格纸将曲线与 t 轴之间曲边梯形的面积进行比较.根据曲边梯形所占的方格数(对于不满一格的部分以四舍五入法取舍),即可算出曲线下方面积

所对应量的大小.这种"小方格估测法"十分简洁、明了,在实验中有很多应用.

 4.4 提升分析和探究层次

在中学物理教学中,很长一段时间里都被禁锢在对常量研究的范围内或均匀变化的框架里,其良苦用心是照顾到中学生的知识水平和理解能力,但其负面作用也是不可否认的,一定程度上遏制了学生思维的能动性.

实际上,学生对变量的认识并非一片空白,而是有着相当的直观基础,并且常常会提出与变量研究有关的问题.

例如,在刚开始学习物体运动的时候,有一个小实验测定自己的步行速度. 实验很方便:取一个大饮料瓶,用缝衣针在瓶底钻一个适当大小的孔,在瓶中灌满水并事先用表测定每 1 min 滴出的水滴数(通过旋紧和旋松瓶盖可加以调节). 然后,用手提着,一边走一边使水均匀滴出(图 4.46). 用米尺量出一定滴数间的距离,根据每两滴的时间间隔,就可以算出你步行的速度了;或者,可以从每步的间距和时间判断走路的快慢变化.

图 4.46

这个小实验里得到的结果,无非是这样三种情况:一是速度保持不变;二是速度逐渐增大(或逐渐减小);三是速度时而增大,时而减小. 一些同学做了实验后常会提出问题:当速度发生变化时(增大、减小或时快时慢),如何测量刚好走到某个位置的速度呢? 这就是前面说的瞬时速度概念,它包含着极限知识. 当扩展了一定的微积分知识后,就可以指导他们从哪些方面去考虑.

因此,在学习中如果能够比较深入地领悟分割与积累的思想方

4 分割与积累思想的教学功能

法,就可以进一步提升同学们分析问题和探究问题的兴趣和层次,促进思维更好地向纵深方向发展.

下面选择的几个问题,是同学们进入高中物理学习后经常容易遇到(或提出)的,让我们共同体会一下运用分割与积累思想方法,提升分析问题和探究问题的成就感.

(1) 变速运动的位移

如今,汽车已逐渐走进了千家万户,同学们对汽车的感性认识也越来越丰富.为了直观地显示汽车刹车滑行过程中的速度变化情况,可以利用速度传感器实验性地画出其 v-t 图像.如图 4.47 所示为某车的 v-t 图像,那么如何计算它在刹车滑行过程中的位移呢?

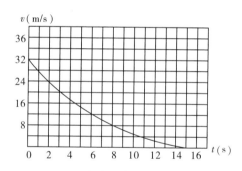

图 4.47 汽车刹车滑行的速度图像

图中显示汽车的速度随时间作非线性变化,没有公式可以直接应用.怎么办?如果联想到根据匀速直线运动的速度图像计算位移的方法(图 4.48),我们就可以设想将汽车整个刹车滑行过程的时间,分割成许许多多个元过程,当每个元过程的时间 Δt 极短时,这个过程中的速度可以认为保持不变,在图像上,相当于把原来的曲边梯形转化为一个矩形(图 4.49).于是,在这小段时间 Δt 内的位移就可以用图像上相应的狭条面积来表示,即

$$\Delta x_i = v_i \Delta t_i$$

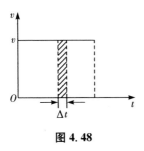
图 4.48

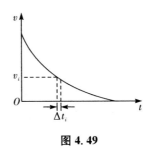
图 4.49

汽车在整个刹车滑行过程中的位移,就等于各个元过程中的位移之和,即

$$x = \Delta x_1 + \Delta x_2 + \cdots + \Delta x_n = v_1 \Delta t_1 + v_2 \Delta t_2 + \cdots + v_n \Delta t_n$$
$$= \sum v_i \Delta t_i \ ^*$$

式中 $\sum v_i \Delta t_i$ 对应着速度图像下方的这块面积. 然后,采用图 4.47 中画小方格的办法,就可以近似地算出汽车在非匀减速滑行过程中的位移.

如果在图 4.46 的小实验中,通过速度传感器画出很复杂的不规则变化的速度图像,那么,也可以采用同样的方法算出某段时间内的位移.

显然,如果不具备分割与积累的思想方法,不懂得通过对极短时间内运动过程的转化,从速度图像找出位移与面积的关系,那么对于实际的非匀变速运动过程中位移的计算就一筹莫展了.

更为重要的是,通过对匀速运动图像到变速运动图像的位移与面积的转化,学习了一种研究变量的方法. 这种方法今后同样适用于有关力与位移的关系(F-x 图像)、气体的压强与体积的关系(p-V 图像)、电路中的电压与电流的关系(U-I 图像)等,具有非常普遍的

---

* 这个关系式用微积分表示就是 $x = \int v \mathrm{d}t$,也就是说,只要知道了速度对时间的函数表达式,就可以通过积分运算得到某段时间内的位移.

4 分割与积累思想的教学功能

意义.

(2) 弹簧重力产生的伸长

用弹簧探究弹力与形变量关系的实验中,同学们常常会问起:弹簧自身的重力是否会引起弹簧的形变? 如果会引起形变的话,那么如何计算形变量(伸长量)的大小呢?

弹簧自身的重力也会引起其形变,这是肯定的. 正如人体的"脊梁骨"(脊柱),也像弹簧一样,由于它的压缩会使人的身高傍晚时比清晨刚起身时小 2—3 cm. 那么,弹簧在自身重力作用下的伸长量应该怎样计算呢? 为此,需要应用分割-积累的方法.

假设有一根均匀分布的质量为 m 的弹簧,其劲度系数为 k,自然长度为 l. 现将其竖直悬挂起来并均匀分割成 n 小段,自下而上依次编号为 $1,2,3,\cdots,n-1,n$,如图 4.50 所示. 每一小段弹簧的质量为 m/n. 根据串联弹簧的性质,每小段弹簧的劲度系数为 $k_n = nk^*$.

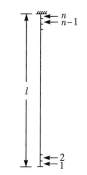

图 4.50 对弹簧(以直线代替)分割

当分割的段数 n 极大时,每一小段的质量极小. 当以每一小段为研究对象计算其伸长量时,其自身重力可以忽略不计,只需考虑其他各段重力之和的作用.

对第 n 段,它所受弹力(即 n 段以下各段重力之和)和相应的伸长量分别为

$$F_n = \frac{mg}{n}(n-1), \quad \Delta x_n = \frac{F_n}{k_n} = \frac{mg}{n^2 k}(n-1)$$

对第 $n-1$ 段,它所受弹力(即 $n-1$ 段以下各段重力之和)和相

---

* 弹簧串联和并联后的劲度系数,可参阅本丛书《等效》一册.

应的伸长量分别为

$$F_{n-1} = \frac{mg}{n}(n-2), \quad \Delta x_{n-1} = \frac{F_{n-1}}{k_n} = \frac{mg}{n^2 k}(n-2)$$

……

第 2 段所受弹力和相应的伸长量分别为

$$F_2 = \frac{mg}{n}, \quad \Delta x_2 = \frac{F_2}{k_n} = \frac{mg}{n^2 k}$$

显然,根据上面所说每段极小的条件,第 1 段所受弹力和伸长量均为零,即

$$F_1 = 0, \quad \Delta x_1 = 0$$

整个弹簧的伸长量为

$$\Delta x = \Delta x_1 + \Delta x_2 + \cdots + \Delta x_{n-1} + \Delta x_n$$
$$= \frac{mg}{n^2 k} [0 + 1 + 2 + \cdots + (n-1) + n]$$
$$= \frac{mg}{n^2 k} \cdot \frac{(n-1)n}{2} = \frac{mg}{2k} \cdot \frac{n-1}{n}$$

当 $n \to \infty$ 时,$\frac{n-1}{n} \to 1$,所以弹簧的总伸长量为

$$x = \sum_{n \to \infty} \Delta x = \frac{mg}{2k} \sum_{n \to \infty} \frac{n-1}{n} = \frac{mg}{2k}$$

也就是说,弹簧在自身重力作用下的伸长量,相当于受自身的一半重力作用所引起的.

从上述计算可以看到,由自身重力引起的伸长仅是应用胡克定律的一个平衡问题,当把每小段的劲度系数作为已知条件后,这个问题的处理并不困难.可喜的是,这个问题全面体现了"分割-积累"方法的一般思路:先进行微小量的分割,找出选取的微元所遵循的物理规律,然后令分割的单元无限多并进行积累,从而得出整体所遵循的规律.

4 分割与积累思想的教学功能

通过对这个问题的解答,相信你一定会对微积分的思想有着更为亲切的感觉.

说明 上面采用了微元分割结合串联弹簧的特性,找出在弹簧自重作用下的的形变量.实际上,除了这样严谨的推导外,也可以利用平均的方法比较简单地得到结果.

如图 4.50 所示,将弹簧细分为 n 小段,则其中第 i 个横截面处的张力(T_i)应该与第 i 段下面部分的质量成正比,这也就是说,张力 T_i 与分段的编号形成线线关系,即

$$T_i \propto i$$

其图像如图 4.51 所示. 因此整个弹簧所受到的平均张力为

$$\overline{T} = \frac{mg}{2}$$

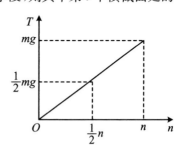

图 4.51

对应的伸长量为

$$\Delta x = \frac{\overline{T}}{k} = \frac{mg}{2k}$$

(3) 推磨时人做的功

在江苏省南部地区,流行着一个唱腔很优美的剧种 —— 锡剧,双推磨是其很有代表性的一个剧目.同学们学习了功的概念后常常会问:人推磨时绕着磨盘转一周又回到原处,人的位移为零,那么这个过程中人的推力做功吗?

如图 4.52 所示,把磨盘简化为一根绕中心转动的长为 l 的直杆,设人用恒力 F 垂直作用于直杆端点. 人推磨时,虽然推力的大小不变,但其方向时刻在变化,因此推磨的过程是一个变力做功的过程.如果直接用一周的总位移计算一周中的功,完全忽略了推力的方向变化,人就"太亏"了!

正确的合理的方法应该是把这个圆周分割成许多元段,如图 4.53 中 $\Delta s_1, \Delta s_2, \cdots, \Delta s_n$,当分割的圆弧很小时,每一小段圆弧都可以看成一小段直线,绕行一周推力所做的功等于推力在每一小段上所做功的代数和,即

$$W = F_1 \Delta s_1 \cos \alpha_1 + F_2 \Delta s_2 \cos \alpha_2 + \cdots + F_n \Delta s_n \cos \alpha_n$$

式中 $\alpha_1, \alpha_2, \cdots, \alpha_n$ 是每一小段上推力与杆端运动方向间的夹角,都可以认为等于零,因此推力的功可以表示为

$$W = F \Delta s_1 + F \Delta s_2 + \cdots + F \Delta s_n = \sum F \Delta s_i = F \sum \Delta s_i$$

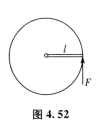

图 4.52

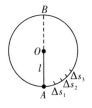

图 4.53

式中 $\sum \Delta s_i = 2\pi l$ 是圆周的长度,所以

$$W = 2\pi l F$$

如果对处理推磨问题的方法已经有所领悟,那么下面这个问题你认为正确的选项是什么?为什么?

练习题

如图 4.54 所示,用一根长 $l = 1$ m 的细线,系住一个质量为 $m = 1$ kg 的小球,在光滑水平桌面上绕中心点以速度 $v = 2$ m/s 做匀速圆周运动,在小球从某个位置起绕行半周和一周半的过程中,设细线拉力做功分别为 W_1 和 W_2,则( ).

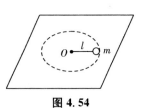

图 4.54

A. $W_1 = W_2 = 0$

B. $W_1 = W_2 = 8$ J
C. $W_1 = W_2 = 12.56$ J
D. $W_1 = 12.56$ J, $W_2 = 37.68$ J

(4) 从重力势能到引力势能

我们知道,在地面附近的物体跟地球的相互作用所具有的能量,称为重力势能. 当以水平地面为势能的参考平面(零势能面)时,重力势能的大小为

$$E_p = mgh$$

在地面上高度不大的范围内,重力加速度 g 可以认为恒定;h 是物体的质量中心到水平地面的距离. 重力势能曲线如图 4.55 所示.

当物体离开地心的距离 r 很大时,必须考虑地球引力随物体离开地球距离的增大而引起的变化. 此时物体与地球相互作用所具有的势能,称为引力势能. 根据前面得出的引力做功表达式,如果令离开地球无穷远处的引力势能为零,那么,离开地心 r 处的引力势能的大小为

$$E_p = -\frac{GMm}{r}$$

式中 M 为地球质量,m 为物体质量.

引力势能同样是物体与地球所共有的,贮藏在引力场中. 可见,原来熟知的重力势能只是引力势能的一个特例. 引力势能曲线如图 4.56 所示.

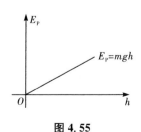

图 4.55

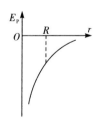

图 4.56

考虑地球引力变化时,必须根据变力做功的关系才能推导出引力势能的表达式(参见 118 页). 可见,具备了分割与积累的思想方法,就可以极大地提升探究的层次. 反过来,有了引力势能的概念,知道了它的计算方法后,又可以帮助我们去分析、探究更普遍、更深刻的问题.

从 20 世纪末以来,航天技术的发展和对宇宙空间探究的进展,不仅极大地激发了同学们对航天和宇宙探索的空前兴趣,也激发了同学们结合学习过程提出各种富有挑战性问题的热情. 一位同学通过观看"太空授课",从太空的微重力环境展开了联想:认为太空不是绝对没有阻力,而应该是一个微阻力环境. 这就是说,卫星在太空运行时会不断地克服阻力,也就会不断地消耗能量,这样就会引起其轨道半径的变化(变小),最终当卫星的能量消耗殆尽时它就必然会落下来. 由此提出这样一个问题:

卫星轨道半径的变化与卫星运行的轨道半径间是什么关系呢?

这是一个很有意义的问题. 为便于探究,可以先适当简化(理想化)——由于卫星受到的阻力 f 很微小,可以认为恒定不变;接着,就可以根据卫星所具有的总能量,借助引力势能公式和圆周运动规律进行计算了.

设卫星在离开地心高 r 处时的速度为 v,根据其总机械能和向心力条件知

$$E=E_k+E_p=\frac{1}{2}mv^2+\left(-\frac{GMm}{r}\right)$$

$$\frac{mv^2}{r}=G\frac{Mm}{r^2}$$

联立两式得

$$E=-\frac{GMm}{2r}$$

卫星在运行一周的过程中需克服阻力做功(阻力做负功),设由

于阻力引起轨道半径的变化为 Δr,由功能关系知

$$f \times 2\pi r = -\Delta E = \frac{GMm}{2}\left(\frac{1}{r+\Delta r} - \frac{1}{r}\right)$$

由于 $\Delta r \ll r$,则

$$\frac{1}{r+\Delta r} = \frac{1}{r\left(1+\frac{\Delta r}{r}\right)} = \frac{1}{r} \cdot \left(1+\frac{\Delta r}{r}\right)^{-1} \approx \frac{1}{r} - \frac{\Delta r}{r^2}$$

因此上式可表示为

$$\Delta r = -\frac{4\pi f}{GMm}r^3 \quad 或 \quad |\Delta r| \propto r^3$$

这就是说,在太空微阻力作用下,卫星轨道半径的减少量与其半径的 3 次方成正比,即轨道半径越大时,运行一周半径的减少量也越大.

这个问题圆满解决了,心中会洋溢着一种油然而生的满足感. 不仅如此,通过这个问题,也可以领悟到进行理论探究的一般步骤:

通过观察、联想等途径提出问题 —— 进行简化或纯化(假设理想化条件或建立模型)—— 运用物理规律 —— 适当的数学处理 —— 得到结果.

真是"一箭双雕"的美事!

上面分几方面阐述了分割与积累思想方法在中学物理学习中的指导作用. 实际上,作为一种分析和研究问题的思维方法,在实际应用中总是互相交织着渗透在各个方面. 这种思维方法的内核,就是通过选取一个微小单元或微小过程,实现变量与常量的转化. 所以,实际应用中,重要的是把握这个实质,不要拘泥于对分类作机械的划分.

5 分割与积累思想在中学物理解题中的应用

分割与积累作为一种重要的思想方法,一直伴随在同学们的学习活动中,例如,需要确定物体相互间的联系,需要从一个系统或整体中选取某部分作为研究对象,或者,需要在连续变化的过程中选取某段时间进行观察、分析等,往往都会潜移默化地渗透和应用分割与积累的思想. 在解题实践中,对分割与积累思想方法更为集中的体现,可以分为两方面,即隔离法和微元法. 当然,这样的区分不是绝对的——在应用隔离法时,被隔离的研究对象也可以是一个微元;同样,在应用微元法时,也往往需要把它隔离出来. 物理学习中,切忌用某种刻板的、孤立的观点去分析和研究问题.

下面,针对隔离法和微元法(并以微元法为主)结合实际问题,分别介绍分割与积累思想在解题中的应用.

5.1 隔离法的应用

把研究对象从整体中单独提取出来或从相互联系的物体系统中分割出来的方法,通称为隔离法. 它是物理学中分析和研究问题的一种基本方法. 不仅适用于只有两个(或几个)物体组成的一个整体,也适用于由无穷多质点组成的一个系统. 不仅适用于固体,也适用于液体和气体. 经过隔离后,原来的相互联系就转化为某种力的作用.

5　分割与积累思想在中学物理解题中的应用

从分割的意义上说,隔离法只是根据研究问题的需要所作的一种不均匀的"按需分割".由于物体间的联系有多种多样的形式——既可以直接接触,也可以通过绳子、弹簧、杆件等作为媒介;相互间既可以是宏观的联系,也可以是通过分子力等微观的联系.因此,隔离法的表现形式也是多种多样的.在中学物理范围内,在力学问题和力学、热学的综合题中,隔离法的应用比较普遍.

下面,分固体质点中的应用与液体和气体中的应用两个小专题分别予以介绍.

固体质点中的应用

例题 1(2013　北京)　如图 5.1 所示,倾角为 α、质量为 M 的斜面体静止在水平桌面上,质量为 m 的木块静止在斜面体上.下列结论正确的是(　　).

A. 木块受到的摩擦力大小是 $mg\cos\alpha$

B. 木块对斜面体的压力大小是 $mg\sin\alpha$

C. 桌面对斜面体的摩擦力大小是 $mg\sin\alpha\cos\alpha$

D. 桌面对斜面体的支持力大小是 $(M+m)g$

分析与解答　画出木块的隔离体受力图(图 5.2),从平衡条件可知,木块所受的摩擦力和斜面支持力分别为

$$f = mg\sin\alpha, \quad N = mg\cos\alpha$$

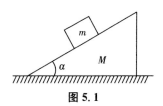

图 5.1　　　　图 5.2

木块对斜面的压力与它受到的支持力是一对作用力与反作用力,因此木块对斜面体的压力大小为

$$N' = N = mg\cos\alpha$$

木块与斜面体作为一个整体在水平方向没有滑动趋势,因此桌面对斜面体的摩擦力为零.根据整体在竖直方向的力平衡条件,得桌面的支持力为

$$F_N = (M+m)g$$

所以 A、B、C 均错,正确的是 D.

说明 在应用隔离法时,常常需要配合着应用整体法,两者相辅相成,可以达到最佳的效果.

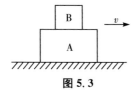

图 5.3

例题 2(2011 天津) 如图 5.3 所示,A、B 两物块叠放在一起,在粗糙的水平面上保持相对静止地向右做匀减速直线运动,运动过程中 B 受到的摩擦力( ).

A. 方向向左,大小不变　　B. 方向向左,逐渐减小

C. 方向向右,大小不变　　D. 方向向右,逐渐减小

分析与解答 两物块一起向右做匀减速运动,表示其加速度方向向左.设两物块的整体受到地面的摩擦力为 f,则对整体有

$$f = \mu(m_A + m_B)g = (m_A + m_B)a$$

得

$$a = \mu g$$

把物块 B 隔离出来,其受力图如图 5.4 所示.同理根据牛顿第二定律有

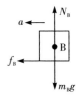

图 5.4

$$f_B = m_B a = \mu m_B g = 常数$$

表示在运动过程中,物块 A 对 B 的摩擦力大小、方向都不变,正确的是 A.

说明 本题其实不必计算,因为物块所受的合外力与加速度的方向一定相同,由于整体做匀减速运动,加速度恒定,且其方向与速度方向相反,所以立即可选出 A.

设物块 B 和整体所受的合外力分别为 F_B 和 F_{AB},则

$$F_B = f_B = m_B a = \frac{m_B}{m_A + m_B} f = \frac{m_B}{m_A + m_B} F_{A+B}$$

则

$$\frac{F_B}{F_{A+B}} = \frac{m_B}{m_A + m_B}$$

这就是说,整体做匀加速运动时,各部分所受的合外力与其质量成正比. 利用力与质量的这个比例关系,有时就可以不必计算加速度,为研究一些问题带来方便. 下面这个练习题,就是一个极好的实例,请读者研究.

练习题

我国高铁技术处于世界领先水平,和谐号动车组是由动车和拖车编组而成的,提供动力的车厢叫动车,不提供动力的车厢叫拖车. 假设动车组各车厢质量相等,动车组在水平直轨道上运行过程中阻力与车重成正比. 某列动车组由 8 节车厢组成,其中第 1 节和第 5 节车厢为动车,其余为拖车,则该动车组做匀加速运动时,第 5、6 节与第 6、7 节车厢间的作用力之比为 _____.*

参考答案:$\frac{3}{2}$.

提示:动车组可以简化为连接在一起的 8 个质量相同的木块,受到 $2F$ 的牵引力沿平直轨道做匀加速运动,每节车厢受到的阻力为 $f = kmg$. 根据牛顿第二定律"力与质量的比例关系"知

$$\frac{T_6 - 3kmg}{2F - 8kmg} = \frac{3}{8}, \quad \frac{T_7 - 2kmg}{2F - 8kmg} = \frac{2}{8}$$

于是立即可得结果.

例题 3(2016 海南) 水平地面上有质量分别为 m 和 $4m$ 的物

---

* 本题取自 2016 年天津高考物理试题的一部分改编而成.

块A和B,两者与地面的动摩擦因数均为μ.细绳的一端固定,另一端跨过轻质动滑轮与A相连,动滑轮与B相连,如图5.5所示.初始时,绳位于水平拉直状态.若物块A在水平向右的恒力F作用下向右移动了距离s,重力加速度大小为g.求物块A、B的加速度大小.

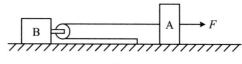

图5.5

分析与解答 为了求出物块A、B的加速度大小,需要把它们隔离出来,画出的隔离体受力图如图5.6所示.设细绳中的张力为T,对A、B两物块有

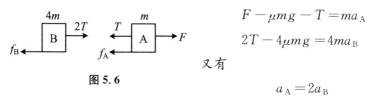

图5.6

$$F - \mu mg - T = ma_A$$
$$2T - 4\mu mg = 4ma_B$$

又有

$$a_A = 2a_B$$

于是得物块A、B的加速度大小分别为

$$a_A = \frac{F - 3\mu mg}{2m}, \quad a_B = \frac{F - 3\mu mg}{4m}$$

说明 本题仅取该试题的第(2)部分,旨在突出隔离法.原题的(1)要求"物块B克服摩擦力所做的功".考虑到物块A向右移动距离s,则物块B向右移动的距离为$s' = \frac{1}{2}s$,立即可得物块B克服摩擦力做功为$2\mu mgs$.

例题4(2014 江苏) 如图5.7所示,A、B两物块的质量分别为$2m$和m,静止叠放在水平地面上.A、B间的动摩擦因数为μ,B与地面间的动摩擦因数为$\frac{1}{2}\mu$.最大静摩擦

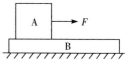

图5.7

5 分割与积累思想在中学物理解题中的应用

力等于滑动摩擦力. 重力加速度为 g. 现对 A 施加以水平拉力 F, 则( ).

A. 当 $F < 2\mu mg$ 时, A、B 都相对地面静止

B. 当 $F = \dfrac{5}{2}\mu mg$ 时, A 的加速度为 $\dfrac{1}{3}\mu g$

C. 当 $F > 3\mu mg$ 时, A 相对 B 滑动

D. 无论 F 为何值, B 的加速度不会超过 $\dfrac{1}{2}\mu g$

分析与解答 A、B 间和 A+B 与地面间最大静摩擦力分别为

$$f_{Am} = 2\mu mg, \quad f_m = \dfrac{3}{2}\mu mg$$

所以当 $F < 2\mu mg$ 时, A、B 相对静止, 但相对地面可一起滑动, A 错.

设 A、B 能一起滑动时对 A 的最小的水平拉力为 F_0(也即 A、B 间不致发生相对滑动时的最大水平拉力), 此时 A、B 间的摩擦力达到最大静摩擦力. 画出 A、B 在水平方向上的隔离体受力图, 如图 5.8 所示. 对 A 和 A+B 的整体由力与质量的比例关系知

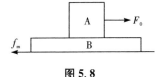

图 5.8

$$\dfrac{F_0 - 2\mu mg}{F_0 - \dfrac{3}{2}\mu mg} = \dfrac{2m}{3m} \quad \Rightarrow \quad F_0 = 3\mu mg$$

当 $F = \dfrac{5}{2}\mu mg$ 时, A、B 相对静止一起滑动, 加速度为

$$a_A = a_{A+B} = \dfrac{\dfrac{5}{2}\mu mg - \dfrac{3}{2}\mu mg}{3m} = \dfrac{1}{3}\mu g \quad (\text{B 正确})$$

当 $F > 3\mu mg$ 时, A、B 相对滑动, C 正确. 此时 B 的加速度如图 5.9 所示, 为

$$a_B = \frac{f_{Am} - f_m}{m} = \frac{2\mu mg - \frac{3}{2}\mu mg}{m} = \frac{1}{2}\mu g$$

图 5.9

因为无论 F 为何值,使 B 向右加速运动的最大动力只能为 $f_{Am} = 2\mu mg$,结合上面的分析可见,B 的加速度都不会超过 $\frac{1}{2}\mu g$,D 正确.

说明 本题中先确定不发生相对滑动的拉力临界值(F_0)是个关键,接着就可以根据不同的受力条件,确定两物块的状态了.

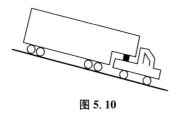

图 5.10

例题 5(2007 海南) 如图 5.10 所示,一辆汽车 A 拉着装有集装箱的拖车 B,以速度 $v_1 = 30$ m/s 进入向下倾斜的直车道. 车道每 100 m 下降 2 m. 为了使汽车速度在 $x = 200$ m 的距离内减到 $v_2 = 10$ m/s,驾驶员必须刹车. 假定刹车时地面的摩擦阻力是恒力的,且该力的 70% 作用于拖车 B,30% 作用于汽车 A. 已知 A 的质量 $m_1 = 2\,000$ kg,B 的质量 $m_2 = 6\,000$ kg. 求汽车与拖车的连接处沿运动方向的相互作用力. 重力加速度 $g = 10$ m/s².

分析与解答 设倾斜车道的倾角为 θ,由题意知 $\sin\theta = \frac{2}{100} = \frac{1}{50}$. 在倾斜车道上汽车刹车后的加速度为

$$a = \frac{v_2^2 - v_1^2}{2s} = \frac{10^2 - 30^2}{2 \times 200} \text{ m/s}^2 = -2 \text{ m/s}^2 \quad \text{(方向沿斜面向上)}$$

5 分割与积累思想在中学物理解题中的应用

以汽车和拖车的整体为研究对象,设刹车时受到的阻力为 f,沿倾斜车道向上为正方向,根据牛顿第二定律

$$f-(m_1+m_2)g\sin\theta=(m_1+m_2)a \qquad ①$$

得

$$f=(m_1+m_2)(g\sin\theta+a)$$
$$=(2\,000+6\,000)\left(10\times\frac{1}{50}+2\right)\text{ N}$$
$$=1.76\times10^4\text{ N}$$

以拖车为研究对象,设刹车过程中汽车对它的拉力为 T,其隔离体受力图如图5.11所示.同样取沿斜车道向上为正方向,根据牛顿第二定律

$$f_\text{B}-T-m_2g\sin\theta=m_2a \qquad ②$$

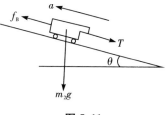

图 5.11

得

$$T=70\%f-m_2(g\sin\theta+a)$$
$$=0.7\times1.76\times10^4\text{ N}-6\,000\times2.2\text{ N}$$
$$=-880\text{ N}$$

表示汽车沿倾斜车道向下的刹车过程中,汽车对拖车施出的是推力,方向沿斜面向上.

说明 牛顿第二定律是一个矢量方程,应用时必须先规定正方向.当以拖车为研究对象时,刹车过程中汽车对它的作用力方向不明确,上面的解答中先假设为拉力,方向沿斜面向下.根据解答结果 T 为负值,表示汽车对拖车的实际作用力是推力,方向沿斜面向上.列出方程①和②时,已规定沿斜车道向上为正方向,加速度 a 的值应以 2 m/s^2 代入.

例题 6(2009 安徽理综) 在2008年北京残奥会开幕式上,运动员手拉绳索向上攀登,最终点燃了主火炬,体现了残疾运动员坚忍

图 5.12

不拔的意志和自强不息的精神.为了探求上升过程中运动员与绳索和吊椅间的作用,可将过程简化.一根不可伸缩的轻绳跨过轻质的定滑轮,一端挂一吊椅,另一端被坐在吊椅上的运动员拉住,如图 5.12 所示.设运动员的质量为 65 kg,吊椅的质量为 15 kg,不计定滑轮与绳子间的摩擦,重力加速度 g 取 10 m/s². 当运动员与吊椅一起正以加速度 $a = 1$ m/s² 上升时,试求:

(1) 运动员竖直向下拉绳的力;

(2) 运动员对吊椅的压力.

分析与解答 设运动员和吊椅的质量分别为 M 和 m,运动员与绳子间的相互拉力为 T,吊椅对运动员的支持力为 N,运动员对吊椅的压力为 N'.

(1) 分别以运动员和吊椅为研究对象,画出隔离体受力图,如图 5.13 所示.以向上为正方向,根据牛顿第二定律

$$T + N - Mg = Ma, \quad T - N' - mg = ma$$

考虑到 $N = N'$,联立两式,得

$$T = \frac{1}{2}(M+m)(g+a)$$

$$= \frac{1}{2}(65+15)(10+1) \text{ N} = 440 \text{ N}$$

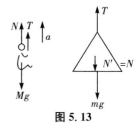

图 5.13

(2) 运动员对吊椅的压力为

$$N' = T - m(g+a) = 440 \text{ N} - 15 \times 11 \text{ N} = 275 \text{ N}$$

说明 (1) 如果以运动员和吊椅作为一个整体,直接可以由

$$2T - (M+m)g = (M+m)a \Rightarrow T = \frac{1}{2}(M+m)(g+a)$$

然后再隔离运动员或吊椅算出压力.

(2) 如果以运动员(或吊椅)作为参考系,就转化为一个相当于重力加速度变为 $g' = g + a$ 的平衡问题,于是立即可以得出拉力,接

着,对吊椅的压力同理可得.

例题 7(2010 上海) 如图 5.14 所示,倾角 $\theta=37°$,质量 $M=5$ kg 的粗糙斜面位于水平地面上,质量 $m=2$ kg 的木块置于斜面顶端,从静止开始匀加速下滑,经 $t=2$ s 到达底端,运动路程 $L=4$ m,在此过程中斜面保持静止 ($\sin 37°=0.6, \cos 37°=0.8$,取 $g=10$ m/s^2),求:

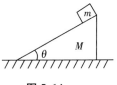

图 5.14

(1) 地面对斜面的摩擦力大小与方向;

(2) 地面对斜面的支持力大小.

分析与解答 (1) 木块沿斜面下滑的加速度为

$$a=\frac{2L}{t^2}=\frac{2\times 4}{2^2} \text{ m/s}^2=2 \text{ m/s}^2$$

由木块隔离体的受力图(图 5.15(a))知

$$mg\sin\theta-f=ma, \quad N-mg\cos\theta=0$$

分别得

$$f=m(g\sin\theta-a)=2\times(10\times 0.6-2) \text{ N}=8 \text{ N}$$
$$N=mg\cos\theta=2\times 10\times 0.8 \text{ N}=16 \text{ N}$$

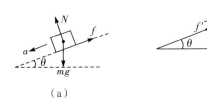

图 5.15

它们的反作用力就是对斜面体的摩擦力 f' 和压力 N'(图 5.15(b)),其水平方向的合力为

$$F_x=N'\sin\theta-f'\cos\theta=16\times 0.6 \text{ N}-8\times 0.8 \text{ N}=3.2 \text{ N}$$

它的方向水平向右,使斜面体产生向右的滑动趋势,因此地面对斜面

体的摩擦力大小为

$$f_{地} = F_x = 3.2 \text{ N} \quad (方向水平向左)$$

（2）设地面对斜面体的支持力为 $N_{地}$，由斜面体竖直方向的力平衡得

$$N_{地} = Mg + N'\cos\theta + f'\sin\theta$$
$$= 5 \times 10 \text{ N} + 16 \times 0.8 \text{ N} + 8 \times 0.6 \text{ N} = 67.6 \text{ N}$$

说明 原题还有第（3）问：通过计算证明木块在此过程中满足动能定理．请同学们自行证明．

本题算出 $a = 2 \text{ m/s}^2$ 后，可以根据其水平分量

$$a_x = a\cos\theta = 2 \times 0.8 \text{ m/s}^2 = 1.6 \text{ m/s}^2$$

并把它看成是斜面对木块作用力（摩擦力和支持力的合力）的水平分力产生的，即

$$F_x = ma_x = 2 \times 1.6 \text{ N} = 3.2 \text{ N}$$

于是，可以由此推理得出地面对斜面体的摩擦力大小和方向．至于地面对斜面体的支持力，同理由竖直方向上力的关系得到．

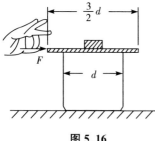

图 5.16

例题 8（2010 重庆） 某兴趣小组用如图 5.16 所示的装置进行实验研究．他们在水平桌面上固定一内径为 d 的圆柱形玻璃杯，杯口上放置一直径为 $\frac{2}{3}d$，质量为 m 的匀质薄圆板，板上放一质量为 $2m$ 的小物体．板中心、物块均在杯的轴线上，物块与板间动摩擦因数为 μ，不计板与杯口之间的摩擦力，重力加速度为 g，不考虑板翻转．

（1）对板施加指向圆心的水平外力 F，设物块与板间最大静摩擦力为 $f_{\max}$，若物块能在板上滑动，求 F 应满足的条件．

（2）如果对板施加的指向圆心的水平外力是作用时间极短的较

5 分割与积累思想在中学物理解题中的应用

大冲击力,冲量为 I,则:

① I 应满足什么条件才能使物块从板上掉下?

② 物块从开始运动到掉下时的位移 s 为多少?

③ 根据 s 与 I 的关系式说明要使 s 更小,冲量应如何改变.

分析与解答 (1) 设两者相对静止时的共同加速度为 a,相互间的静摩擦力为 f_0,由两者隔离体的受力图(图 5.17),根据牛顿第二定律有

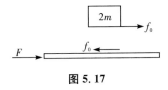

图 5.17

$$f_0 = 2ma, \quad F - f_0 = ma$$

得

$$a = \frac{F}{3m}$$

因为物块在静摩擦力作用下产生的最大加速度为 $a_{\max} = \dfrac{f_{\max}}{2m}$,所以物块与板相对静止时一定满足条件

$$\frac{F}{3m} \leqslant \frac{f_{\max}}{2m} \quad \Rightarrow \quad F \leqslant \frac{3}{2} f_{\max}$$

也就是说,要求物块能在板上滑动时,水平外力应满足条件

$$F > \frac{3}{2} f_{\max}$$

(2) 当加以作用时间很短的较大冲击力时,可以认为在冲量的作用时间内,圆板没有发生位移,其速度从零变化为 v_0,因此冲量为

$$I = m v_0$$

然后,圆板与物块都向右运动.设经过位移 s 时,圆板的速度从 v_0 到 v_1,物块速度从 0 到 v_2,刚好掉下.根据物块和圆板的隔离体受力图(图 5.18),分别对圆板和物块应用动能定理,即

$$-2\mu mg\left(s+\frac{3}{4}d\right)=\frac{1}{2}mv_1^2-\frac{1}{2}mv_0^2$$

$$2\mu mgs=\frac{1}{2}(2m)v_2^2-0$$

图 5.18

结合动量守恒和物块落下条件,又有

$$mv_0=mv_1+2mv_2,\quad v_1>v_2$$

联立上述四式,得

$$I>\frac{3}{2}m\sqrt{2\mu gd}$$

$$s=\frac{1}{2\mu g}\left(\frac{I-\sqrt{I^2-\frac{9}{2}\mu m^2gd}}{3m}\right)^2$$

将分子有理化后,得

$$s=\frac{\mu g}{2}\left(\frac{\frac{3}{2}md}{I+\sqrt{I^2-\frac{9}{2}\mu m^2gd}}\right)^2$$

由此可见,I 越大,s 越小,这跟平时的生活经验是一致的.

说明 解答(2)时,画出隔离体受力图,标出两者的位移和速度,这样列式就很容易了.

例题 9(2016 新课标 Ⅰ) 如图 5.19 所示,两固定的绝缘斜面倾角均为 θ,上沿相连.两细金属棒 ab(仅标出 a 端)和 cd(仅标出 c 端)长度均为 l,质量分别为 $2m$ 和 m,用两根不可伸长的柔软导线将

它们连成闭合回路 $abdca$，并通过固定在斜面上沿的两光滑绝缘小定滑轮跨放在斜面上，使两金属棒水平。右斜面上存在匀强磁场，磁感应强度大小为 B，方向垂直于斜面向上。已知两根导线刚好不在磁场中，回路电阻为 R，两金属棒与斜面间的动摩擦因数均为 μ，重力加速度大小为 g，金属棒 ab 匀速下滑。求作用在金属棒 ab 上的安培力的大小。

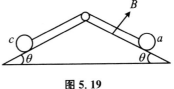

图 5.19

分析与解答 由于连接导线不可伸长，金属棒 ab 匀速下滑时，cd 棒必定匀速上升，即两棒均处于力平衡状态。从 ab 棒的力平衡条件可知，它不仅包含着待求的安培力，还涉及导线的张力，因此必须采用隔离法对两棒分别研究。

设导线中张力为 T，两棒隔离体受力图分别如图 5.20 和图 5.21 所示。

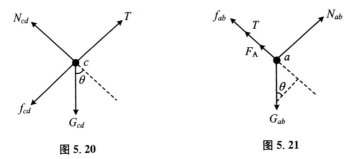

图 5.20　　　　　图 5.21

对 cd 棒，在垂直斜面和沿着斜面方向分别有关系式

$$N_{cd} = mg\cos\theta, \quad T = mg\sin\theta + f_{cd}$$

式中

$$f_{cd} = \mu N_{cd}$$

对 ab 棒，设受到的安培力为 F_A，同理由力平衡条件知

$$N_{ab} = 2mg\cos\theta, \quad T + f_{ab} + F_A = 2mg\sin\theta$$

式中

$$f_{ab} = \mu N_{ab}$$

由 cd 棒和 ab 棒的平衡条件分别得

$$T = mg\sin\theta + \mu mg\cos\theta$$

$$T + 2\mu mg\cos\theta + F_A = 2mg\sin\theta$$

联立两式,得 ab 棒所受的安培力为

$$F_A = mg\sin\theta - 3\mu mg\cos\theta$$

说明 这里为了突出隔离法,仅取原题的要求(1),原题中的(2)要求金属棒运动速度的大小. 设金属棒 ab 匀速下滑时切割磁感线,在回路中产生感应电动势 E,由

$$F_A = BIl = B\frac{Blv}{R}l = \frac{B^2l^2v}{R}$$

即得

$$v = \frac{F_A R}{B^2 l^2} = \frac{mgR(\sin\theta - 3\mu\cos\theta)}{B^2 l^2}$$

液体和气体中的应用

前面几个问题中的研究对象都是可以简化为质点的固体,这也是隔离法对遍布在中学物理力学部分最普遍的应用. 实际上,作为一种分析与研究问题的方法(隔离法),它同样适用于液体和气体.

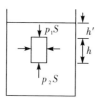

图 5.22

例如,对阿基米德原理作理论探究时,我们就可以在液体中作一个液柱代替浸在液体中的物体,并将它隔离出来(图 5.22). 设这个液柱的截面积为 S,高为 h,其水平的上顶面离开液面的深度为 h',则液体对上表面产生的向下压力和对下表面产生的向上压力分别为

$$F_{向下} = p_1 S = \rho g h' S$$
$$F_{向上} = p_2 S = \rho g (h' + h) S$$

液柱两侧的压力相互平衡. 因此,周围液体对液柱的合力为

$$F = F_{向上} - F_{向下} = \rho g h S$$

它正好等于被浸入液体中的物体所排开的液体的重力,这就是阿基米德原理.

例题 1 现有一圆柱形容器,内盛一定量水,当容器沿着水平面或斜面做匀速运动时,试分析容器中液面的形状.

分析与解答 为了研究液面所呈现的形状,可以在液面上任取一小块液体,我们简称为液元(质量元). 然后以它为隔离体进行受力分析(图 5.23).

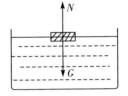

图 5.23

该液元在竖直方向受内部液体的弹力 N、重力 G 作用,由平衡条件知

$$G - N = 0$$

因液元是任意选取的. 根据上式,可以认为液面上任一处的竖直方向都处于力平衡状态. 因此容器沿着水平面匀速运动时液面一定呈水平状态.

当容器沿着斜面做匀速运动时,同样可以在液面上选取一个液元,由于重力竖直向下,液元四周对它的弹力必须竖直向上,所以液面也将呈现水平状态(图 5.24).

说明 如果把圆柱形容器变化成一个 U 形管盛水后沿斜面匀速下滑,一些同学常会被迷惑. 实际上,只需在中间取一个液片,根据两边的静压强相等,立即可以判断两侧液面一定在同一水平面上(图 5.25).

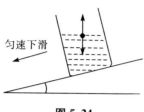

图 5.24

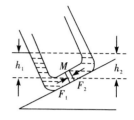

图 5.25

例题 2 如果上题中的容器,处于加速度为 a 的水平加速状态,试分析达到稳定状态时液面的形状.

分析与解答 容器在水平方向做匀加速运动,设加速度为 a. 我们仍然可在液面上任取一液元隔离出来作为研究对象,进行受力分析.

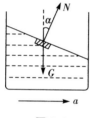

对该液面理想化后,可以认为它仅受内部液体的弹力 N 和重力 G 的作用(图 5.26).

容器在水平方向上做匀加速运动,因此 N 与 G 的合力满足条件

$$N\cos\alpha = mg$$
$$N\sin\alpha = ma$$

图 5.26

解得

$$\tan\alpha = \frac{a}{g}$$

由上式可知,液元所处的液面法线方向与竖直方向的夹角 $\alpha = \arctan\dfrac{a}{g}$. 由于液元是任意选取的,液面上各处的法线方向均与竖直方向成 α 角. 也就是说,液面成一平面,且与水平方向成 α 角.

上述结论我们也可以从分析液体内部的液元受力情况而得到. 如图 5.27 所示,在容器的竖直方向上取一液柱(图中斜线部分),液柱两侧面高度差为 Δz,宽度为 Δx. 在液体

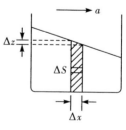

图 5.27

5 分割与积累思想在中学物理解题中的应用

的任一深度 z 取一侧面积为 ΔS 的液元,则此液元的体积为 $\Delta S \cdot \Delta x$. 该液元在水平方向上的压力差便是产生水平加速度的力,即

$$F_{左} - F_{右} = ma$$

其中

$$F_{左} = p_{左} \Delta S = \rho g(z + \Delta z)\Delta S$$

$$F_{右} = p_{右} \Delta S = \rho g z \Delta S$$

$$m = \Delta S \cdot \Delta x \cdot \rho$$

所以

$$\frac{\Delta z}{\Delta x} = \frac{a}{g}$$

因 a、g 为常数,故 $\dfrac{\Delta z}{\Delta x}$ 为常数,即液面为一平面,且与水平方向夹角 α 满足关系式

$$\alpha = \arctan \frac{\Delta z}{\Delta x} = \arctan \frac{a}{g}$$

由上式可知,$a = 0$ 时,即容器处于静止或匀速直线运动状态,$\alpha = 0$,即容器中液面呈水平状态.

说明　由上面的解答可知,如果一列火车沿平直轨道做匀加速运动,我们在车厢里用一个盛水的玻璃杯和一把刻度尺,就可以测出列车的加速度. 方法很简单,如图 5.28 所示,只需测量两个量 L 和 h, 即得加速度

$$a = \frac{h}{L} g$$

根据这个道理,我们可以制作一个简易的"加速度计"——如图 5.29 所示,取一个比较大的饮料瓶,再取一根细线,在其一端栓一小块泡沫塑料,另一端固定在一个饮料瓶的盖子上. 在瓶中灌满水后使瓶倒置,这样就成了一个加速度计. 请结合图 5.29 说明它的工作原理.

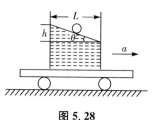
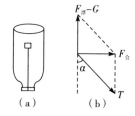

图 5.28　　　　　　　　图 5.29

例题 3　如果上题中的容器绕中心轴以角速度 ω 匀角速旋转,稳定时液面将呈怎样的形状?

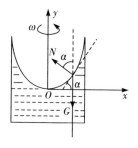

图 5.30

分析与解答　当盛水容器绕容器中心轴线旋转、液面达稳定状态时,液体中各液元均做匀速圆周运动,其角速度处处相同.取如图 5.30 所示直角坐标系.在 xOy 平面的液面上任取一液元,其坐标为 (x,y).该液元受到内部液体的弹力 N 和重力 G 的作用,这两个力的合力提供了液元绕 y 轴旋转所需的向心力,即

$$N\cos\alpha - mg = 0 \qquad ①$$
$$N\sin\alpha = m\omega^2 x \qquad ②$$

联立两式得

$$\tan\alpha = \frac{\omega^2}{g}x$$

上式中 α 为液元所在处液面法线方向与竖直方向间的夹角,它与液元处液面的切线方向与水平方向间的夹角相等,即

$$\tan\alpha = \frac{\Delta y}{\Delta x}$$

则

$$\frac{\Delta y}{\Delta x} = \frac{\omega^2}{g}x$$

5 分割与积累思想在中学物理解题中的应用

或

$$\Delta y = \frac{\omega^2}{g} x \Delta x \qquad ③$$

为了确定式③所对应的 x、y 之间的函数关系,我们先讨论 $y = kx^2$ 的增量 Δy 所满足的关系.根据函数增量的定义,有

$$\Delta y = k[(x+\Delta x)^2 - x^2] = k(x^2 + 2x\Delta x + \Delta x^2 - x^2)$$
$$= k(2x\Delta x + \Delta x^2)$$

因为 Δx 为一无穷小量,Δx^2 与 $x\Delta x$ 相比较可以忽略不计,于是上式可简化为

$$\Delta y = 2kx\Delta x \qquad ④$$

比较式③与式④,显然两式具有完全相同的形式.且 k 满足关系式

$$k = \frac{\omega^2}{2g}$$

由此可知式③所对应的 x 与 y 的函数关系满足方程

$$y = kx^2 = \frac{\omega^2}{2g}x^2 \qquad ⑤$$

这是一个抛物线方程,表示液面在二维空间呈抛物线形.可以推知,在三维空间一定呈一旋转抛物面.

例题 4 如图 5.31 所示,一端封闭的均匀细玻璃管中有一些空气和一段水银柱,用弹簧秤悬挂起来后倒置在水银槽里(下端与水银槽底不接触),则弹簧秤的示数( ).

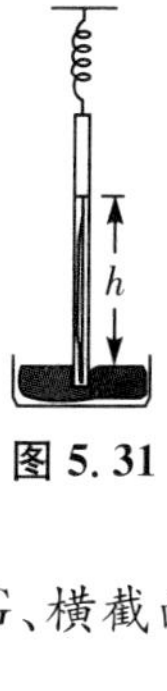

A. 等于零
B. 等于玻璃管的重力
C. 等于玻璃管的重力与空气向上的压力之差
D. 等于玻璃管的重力与管内水银柱重力之和

图 5.31

分析与解答 设外界大气压为 p_0,玻璃管的重力为 G、横截面积为 S、管内水银柱长为 h.

把玻璃管隔离出来,它受到四个力的作用:向下的管顶大气压力

p_0S 和重力 G，向上的弹簧秤拉力 T 和管内气体的压力 $F'=(p_0-\rho gh)S$，如图 5.32 所示．根据平衡条件

$$p_0S+G=T+(p_0-\rho gh)S$$

得弹簧秤的拉力

$$T=G+\rho ghS \quad (\text{D 正确})$$

图 5.32

说明 本题很基础，但一些同学常常被托里拆利实验所迷惑，当把玻璃管隔离后作出受力分析就一目了然了．请思考一下：如果外界大气压增大（或减小），题中弹簧秤的示数如何变化？

练习题

一端封闭的玻璃管自重为 G，内装一段高为 h 的水银柱，封闭一定量的理想气体．现将玻璃管封闭端用弹簧秤悬起，另一端浸没水银槽中，如图 5.33(a) 所示．当玻璃管没入一定深度后，弹簧秤的示数为 G．若当时的大气压为 p，则此时管内上方气体的压强为 _____，玻璃管内、外水银面的高度差 Δx 为 _____．（设玻璃管壁的厚度不计）

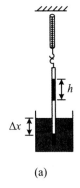

(a)

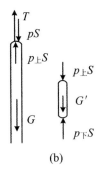

(b)

图 5.33

参考答案：p, h.

5 分割与积累思想在中学物理解题中的应用

提示:隔离玻璃管和水银柱.玻璃管受到自身重力(G)、管顶大气压力(pS)、管内气体向上的压力($p_上 S$)、弹簧秤的拉力($T=G$).水银柱受到管内上方气体向下压力($p_上 S$)、下方气体向上压力($p_下 S$)、自身水银柱重力($G'=\rho hSg$).它们的受力图如图 5.33(b)所示.由玻璃管的力平衡方程知

$$p_上 = p$$

由水银柱的力平衡方程,并联系到槽内水银面内外的压强关系

$$p_下 = p + \rho g \Delta x$$

即得玻璃管内、外水银面的高度差

$$\Delta x = h$$

例题 5(2014 上海) 如图 5.34(a)所示,在水平放置的刚性气缸内用活塞封闭两部分气体 A 和 B,质量一定的两活塞用杆连接.气缸内两活塞之间保持真空,活塞与气缸壁之间无摩擦,左侧活塞面积较大,A、B 的初始温度相同.略抬高气缸左端使之倾斜,再使 A、B 升高相同温度,气体最终达到稳定状态.若始末状态 A、B 的压强变化量 Δp_A、Δp_B 均大于零,对活塞压力的变化量为 ΔF_A、ΔF_B,则( ).

A. A 的体积增大 B. A 的体积减小
C. $\Delta F_A > \Delta F_B$ D. $\Delta p_A < \Delta p_B$

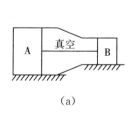
(a)

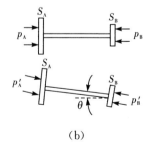
(b)

图 5.34

分析与解答 活塞具有一定质量,温度不变抬高气缸左端后,因活塞的下压作用,直觉可知 A 的体积会增大,B 错,A 正确.

设开始时 A、B 两部分气体的压强分别为 p_A、p_B，把两活塞和杆隔离出来（图 5.34(b) 上），由力平衡条件知

$$p_A S_A = p_B S_B \qquad ①$$

已知 $S_A > S_B$，则

$$p_A < p_B \qquad ②$$

将左端抬高，设倾角为 θ，升温后 A、B 两部分气体的压强分别为 p'_A、p'_B，两活塞质量以 m 表示，同理由两活塞和杆的隔离体图（图 5.34(b) 下）知

$$p'_A S_A + mg\sin\theta = p'_B S_B \qquad ③$$

联立①③得

$$(p'_A - p_A)S_A + mg\sin\theta = (p'_B - p_B)S_B \quad 或 \quad \Delta F_A + mg\sin\theta = \Delta F_B$$

可见

$$\Delta F_A < \Delta F_B \quad (C\ 错)$$

由于 $S_A > S_B$，因此

$$\frac{\Delta F_A}{S_A} < \frac{\Delta F_B}{S_B} \quad \Rightarrow \quad \Delta p_A < \Delta p_B \quad (D\ 正确)$$

说明 对两部分气体来说，由于气缸倾斜后温度的升高相同，但气体 A 的压强变化量小，其体积一定膨胀，上面的直觉正确。必须注意，无论气缸水平放置或者倾斜放置，气体对活塞的压强方向始终垂直于活塞表面．

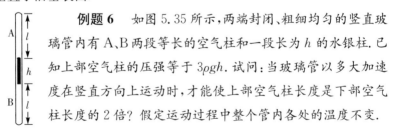

图 5.35

例题 6 如图 5.35 所示，两端封闭、粗细均匀的竖直玻璃管内有 A、B 两段等长的空气柱和一段长为 h 的水银柱．已知上部空气柱的压强等于 $3\rho gh$．试问：当玻璃管以多大加速度在竖直方向上运动时，才能使上部空气柱长度是下部空气柱长度的 2 倍？假定运动过程中整个管内各处的温度不变．

分析与解答 设 A、B 两段空气柱的原长均为 l，玻璃管的截面积为 S．玻璃管在竖直方向上做加速运动后，A、B

两段空气柱分别作等温膨胀和等温压缩,变化前后的状态参量和相互关系如表 5.1 所示.

表 5.1

研究对象	初　态	终　态
A	$p_A = 3\rho g h$　$V_A = lS$	$p'_A = ?$　$V'_A = l'_A S$
B	$p_B = 4\rho g h$　$V_B = lS$	$p'_B = ?$　$V'_B = l'_B S$
相互联系	$V'_A + V'_B = V_A + V_B$	$V'_A = 2V'_B$

由表得

$$l'_A = \frac{4}{3}l, \quad l'_B = \frac{2}{3}l$$

$$p'_A = \frac{V_A}{V'_A} p_A = \frac{lS}{\frac{4}{3}lS} \times 3\rho g h = \frac{9}{4}\rho g h$$

$$p'_B = \frac{V_B}{V'_B} p_B = \frac{lS}{\frac{2}{3}lS} \times 4\rho g h = 6\rho g h$$

管内水银柱在竖直方向做加速运动,属于动力学问题,隔离水银柱(图 5.36),根据其受力分析可以列出牛顿第二定律方程

$$p'_B S - p'_A S - mg = ma$$

或

$$6\rho g h S - \frac{9}{4}\rho g h S - \rho g h S = \rho h S a$$

得

$$a = \frac{11}{4}g \quad (\text{方向向上})$$

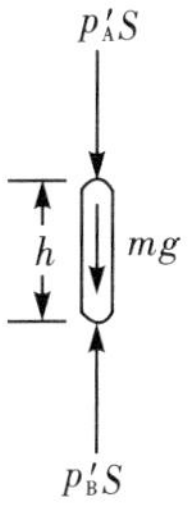

图 5.36

说明　对于类似这样的力-热(气体)综合题,一般都需要针对不同研究对象应用不同的规律. 例如,对气体应用状态方程;对水银柱(或活塞等)根据隔离体的受力分析,应用力学规律(平衡条件或运

动定律等).

例题 7 如图 5.37(a) 所示,U 形管竖直固定在静止的平板车上,U 形管竖直部分和水平部分的长度均为 l. 管内充有水银,两管内的水银面距离管口均为 $\dfrac{l}{2}$. 若将 U 形管管口密封,并让 U 形管与平板车一起向右做匀加速运动,运动过程中 U 形管两管内水银面的高度差为 $\dfrac{l}{6}$. 求:

(1) 小车的加速度;

(2) U 形管底部中央位置的压强.(设水银的密度为 ρ,大气压强恰好为 $p_0 = \rho g l$,空气温度不变)

分析与解答 (1) 小车静止时,两端水银面平齐,上方空气压强均为大气压 p_0. 小车向右加速运动时,对管内水平部分的水银来说,它的两端受到的压力必然不相等,才能形成产生向右加速度的合力,因此两端水银柱必然是"左高右低",两管内水银柱上方气体分别处于压缩和膨胀的状态. 根据题设条件可知,小车向右加速运动时,两端水银柱和空气柱的高度分别如图 5.37(b) 所示.

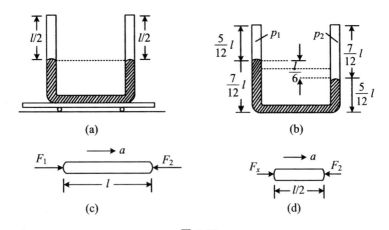

图 5.37

设小车向右加速运动时,左、右两管内气体的压强分别为 p_1、p_2. 设管的截面积为 S,由玻意耳定律可得左、右两端空气柱发生状态变化后的压强,即

左端

$$p_0 \cdot \frac{l}{2}S = p_1 \cdot \frac{5}{12}lS \quad \Rightarrow \quad p_1 = \frac{6}{5}p_0 = \frac{6}{5}\rho gl$$

右端

$$p_0 \cdot \frac{l}{2}S = p_2 \cdot \frac{7}{12}lS \quad \Rightarrow \quad p_2 = \frac{6}{7}p_0 = \frac{6}{7}\rho gl$$

以水平部分的水银柱作为研究对象,并将它隔离出来,如图 5.37(c) 所示,它随小车一起向右加速运动时,其两端受力分别为

$$F_1 = (p_1 + \rho g h_1)S = \left(\frac{6}{5}\rho gl + \frac{7}{12}\rho gl\right)S = \frac{107}{60}\rho glS$$

$$F_2 = (p_2 + \rho g h_2)S = \left(\frac{6}{7}\rho gl + \frac{5}{12}\rho gl\right)S = \frac{107}{84}\rho glS$$

根据牛顿第二定律

$$F_1 - F_2 = ma$$

即

$$\frac{107}{60}\rho glS - \frac{107}{84}\rho glS = \rho lSa$$

得加速度的大小为

$$a = \frac{107}{210}g$$

(2) 取水平部分右半段为研究对象,并将它隔离出来,如图 5.37(d) 所示. 设其左方的压强为 p_x,右方的压强就是上面得到的 $p_2 + \rho g h_2 = \frac{107}{84}\rho gl$. 同理由牛顿第二定律

$$p_x S - \frac{107}{84}\rho glS = \frac{1}{2}\rho lS \cdot a = \frac{107}{420}\rho glS$$

得中央位置处的压强

$$p_x = \frac{107}{70}\rho g l$$

说明 本题系2006年上海交大夏令营试题.题中包含着两类研究对象,即气体和水银柱.当U形管与平板车一起向右做匀加速运动时,气体的状态参量和水银柱的高度都会发生变化,并且两者有牵连关系.结合气体状态变化的加速运动问题,本题颇具典型意义,其中隔离法的体现非常充分,请注意体会.

本题计算中,除了分清两类研究对象,用好隔离体受力图外,需要先处理一个小细节:根据题设条件$\left(水银面高度差为\dfrac{l}{6}\right)$,确定加速运动时两端空气柱高度和水银柱高度.如果在这一点上粗枝大叶,下面的计算就前功尽弃了!

5.2 微元法的应用

微元法是分析和研究连续分布的对象,或受到非线性变化的外力作用,或经历不均匀变化过程等情况的强有力的手段.通过所选取的微元,可以使原来的连续分布转化为一系列不连续微元的组合;使原来总体上变化的外力、不均匀的变化过程在微元上转化为恒定的外力和均匀变化的过程,从而就可以应用中学物理范畴内的物理规律进行分析、研究并得出结果.

根据对微元的处理,大体上可以分为两类问题:一类仅需通过对微元的分析,不必经过明显的积累,就可以得到有关结果的;另一类不仅需要通过对微元的分析,还要经历积累的过程.显然,后一类问题相对来说复杂些,也更为全面地体现了微积分的思想方法和奥妙之处.中学物理范畴内微元法的应用,以力学和电磁学方面的问题居多,下面以这两类问题为主予以介绍.

5 分割与积累思想在中学物理解题中的应用

(1) 力学问题中的应用

例题 1 如图 5.38(a) 所示,用一钢绳牵引一条小船,已知牵引速度为 v,当船运动至钢绳与水平方向间的夹角为 α 时,速度为多大?

分析与解答 不少同学直接将 v 分解成水平方向速度 v_1 和垂直方向速度 v_2,如图 5.38(b) 所示.认为船前进的速度就是牵引速度的水平分速度,即船前进速度为

$$v_1 = v\cos\alpha$$

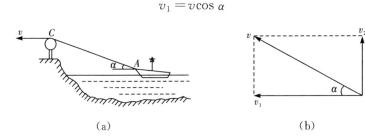

图 5.38

仔细想一下就不难发现,另一个分速度 v_2 将使船竖直向上,可见上述分解方法不合理.那么,船前进的速度究竟应该怎样求呢?下面,我们应用微元法,不去涉及速度的分解,直接找出船前进速度与牵引速度之间的关系.

假设船从 A 点起在极短时间 Δt 内发生一微小位移 Δx,如图 5.39 所示,船相应地由位置 A 点到达位置 B 点.船在 Δt 时间内前进的平均速度为

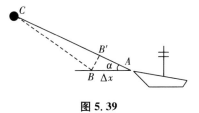

图 5.39

$$\bar{u} = \frac{\Delta x}{\Delta t}$$

显然,它的极限值就是图中位置时船的瞬时速度,即

$$u = \lim_{\Delta t \to 0} \frac{\Delta x}{\Delta t}$$

从 B 点作钢绳 AC 的垂线交 AC 于 B',绳在 Δt 内被拉过的距离

$$AB' = \Delta x \cos \alpha$$

钢绳牵引速度(平均速度)为 $\bar{v} = \dfrac{AB'}{\Delta t}$. 当 $\Delta t \to 0$ 时,即得钢绳牵引速度的瞬时值,即

$$v = \lim_{\Delta t \to 0} \frac{AB'}{\Delta t} = \lim_{\Delta t \to 0} \frac{\Delta x}{\Delta t} \cos \alpha = u \cos \alpha$$

所以船速

$$u = \frac{v}{\cos \alpha} > v$$

说明 解答结果指出,船在水中的前进速度 u 将会大于钢绳的牵引速度 v. 这一似乎反常的现象,实际上画出了采用微元法的示意图,已经一目了然. 本题是速度分解中一个很典型的问题,可以有多种不同的解法. 虽然微元法并非最简单的方法,并且还需要应用极限知识,但它直接从速度的意义得出,更为直观.

例题 2 如图 5.40 所示,A、B、C 三个物体用足够长的轻绳挂在两个定滑轮上,A、B 两物体质量相等,且整个装置左右对称. 当 A、B 均以速率 v_0 上升,绳 DO 和 EO 恰好与竖直线成 $\theta = 30°$ 角时,求物体 C 下降的速度.

分析与解答 一些学生受到思维定势的影响,认为物体 C 的速度是物体 A 的速度与物体 B 的速度的合速度(图 5.41),于是得

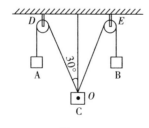

图 5.40

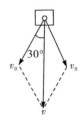

图 5.41

$$v = \sqrt{v_0^2 + v_0^2 + 2v_0^2 \cos 60°} = v_0\sqrt{2 + 2\cos 60°} = \sqrt{3}\,v_0$$

这个结果是否正确呢?为此,可将上述速度写成一般形式

$$v = v_0\sqrt{2 + 2\cos\theta}$$

然后使 θ 角趋近于极端位置,即令 $\theta \to 0$,由上式得 $v \to 2v_0$. 再与实际情况相比较:当 $\theta \to 0$ 时,DO 和 EO 两绳将重合,物体 C 的速度 v 应等于 v_0. 显然,上述解法是错误的.

对于这种相互牵制的问题,采用微元法会有很好的效果. 假设物块 C 从图 5.42 中位置起经过一段很短的时间 Δt,结点的位置由 O 下降到 O',相应的斜绳 OD 变成 $O'D$,在斜绳 OD' 上截取 $DP = DO$,其伸长量 PO' 就是这个过程中物

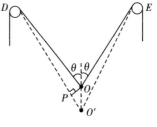

图 5.42

体 A 上升的高度. 当 Δt 很小时,可以认为 $OP \perp DO'$,因此有关系式

$$OO' = \frac{O'P}{\cos\theta}$$

设物体 C 从 O 下降至 O' 的平均速度为 $\bar{v}$,即

$$\bar{v} = \frac{OO'}{\Delta t}$$

当 $\Delta t \to 0$ 时,$\bar{v}$ 的极限就是物体 C 此刻下降的瞬时速度,即

$$v = \lim_{\Delta t \to 0}\frac{OO'}{\Delta t} = \lim_{\Delta t \to 0}\frac{\frac{O'P}{\cos\theta}}{\Delta t} = \frac{1}{\cos\theta}\lim_{\Delta t \to 0}\frac{O'P}{\Delta t} = \frac{v_0}{\cos\theta} = \frac{2\sqrt{3}}{3}v_0$$

说明 本题可以有多种解法,例如,可以把物体 C 的下降看成具有两种效果:一是沿绳 DO 和 EO 方向形成物体 A、B 上升的速度 v_0,二是形成绳绕滑轮转动的线速度 v',如图 5.43 所示. 因此,速度 v 是 v_0 与 v' 的合速度,即

$$v = \frac{v_0}{\cos\theta} = \frac{v_0}{\cos 30°} = \frac{2\sqrt{3}}{3}v_0$$

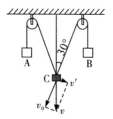

图 5.43

对于这个结果,还可以采用趋近极端位置的方法予以检验.即

$$\theta \to 0 \quad \Rightarrow \quad v = \frac{v_0}{\cos\theta} \to v_0$$

这符合实际情况,可见这个答案是合理的.

例题 3 有一只狐狸以不变的速度 v_1 沿直线 AB 逃跑,一猎犬以不变的速率 v_2 追击,其运动方向始终对准狐狸.某时刻狐狸在 F 处,猎犬在 D 处,$FD \perp AB$,且 $FD = L$,如图 5.44 所示,试求此时猎犬的加速度的大小.*

分析与解答 设从题中时刻起经过一段很短的时间 Δt,狐狸运动到 E 点,猎犬运动到 C 点.狐狸经过的距离 $FE = \Delta s_1$.因为猎犬速率不变,为了对准狐狸,它做着匀速率曲线运动.设在 Δt 时间内,猎犬的速度方向转过角度 α,经过的弧长 $DC = \Delta s_2$,如图 5.45 所示.

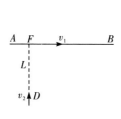

图 5.44

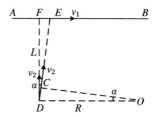

图 5.45

设猎犬在 D 处对应的圆半径为 R,由于所经历的时间 Δt 很小,可以认为在时间 Δt 内,狐狸经过的直线距离和猎犬经过的弧长分别为

$$\Delta s_1 = v_1 \Delta t = L \tan\alpha \approx L\alpha$$
$$\Delta s_2 = v_2 \Delta t = R\alpha$$

联立两式得

---

* 本题初稿由王洪泉老师等提供.

5 分割与积累思想在中学物理解题中的应用

$$R = \frac{v_2}{v_1}L$$

所以猎犬在 D 处的瞬时加速度为

$$a = \frac{v_2^2}{R} = \frac{v_1 v_2}{L}$$

其方向与 FD 垂直.

说明 本题的条件较为隐秘.由于猎犬做的是匀速率曲线运动,其加速度的大小、方向时刻变化,表面看来很难确定其运动规律.采用微元法后,通过猎犬运动过程的微元分析,把猎犬的运动转化为匀速率圆周运动,会有茅塞顿开的感觉.

例题 4 在前面介绍王亚平太空授课后,有一个小实验:把附着在肥皂膜上的小线圈中间液膜刺破后,立即会被拉成一个圆圈.假设肥皂液每单位长度的表面张力大小为 α,圆圈的半径为 R,那么细线中的张力为多大?

分析与解答 如图 5.46 所示,取极短的一小段细线 ab(微元)作为研究对象,它所对的圆心角为 $\Delta\theta$. 当 $\Delta\theta$ 很小时,ab 的长度可以表示为

$$ab = R\Delta\theta$$

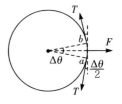

图 5.46

水平面内作用在微元 ab 上的有三个力:两端细线的拉力 T,它们的大小相等、方向均沿着圆的切线;外侧液膜的表面张力 f,方向沿着 $\Delta\theta$ 的角平分线向外.由于液膜有上下两面,所以总的表面张力大小为

$$F = 2f = 2\alpha \cdot ab = 2\alpha R\Delta\theta$$

平衡时满足条件

$$F = 2T\sin\frac{\Delta\theta}{2}$$

即

$$2\alpha R \Delta\theta = 2T\sin\frac{\Delta\theta}{2} \approx 2T \cdot \frac{\Delta\theta}{2}$$

得
$$T = 2\alpha R$$

说明 这个小线圈静止于液面,采用微元法就可以转化为一个共点力平衡问题.这是研究连续分布物体的一个重要方法.如果变化为链圈套在光滑的圆锥面上,研究方法是一样的.请利用下面的练习题,加深体会.

练习题

如图 5.47 所示,一条长 l、质量为 M 的均质链条套在一表面光滑、顶角为 α 的圆锥面上,当链条在圆锥面上静止时,链条中的张力为多大?

参考答案:$\dfrac{Mg}{2\pi}\cot\dfrac{\alpha}{2}$.

提示:在链条上取微元 Δl,所对圆心角为 $\Delta\theta$,则 $\Delta l = r\Delta\theta$(r 为链条的半径),质量为

$$\Delta m = \frac{M}{2\pi r} \cdot r\Delta\theta = \frac{M\Delta\theta}{2\pi}$$

它受到两侧邻近部分的张力 T 和垂直圆锥面的支持力 N.将支持力 N 沿竖直方向和水平方向分解为

$$N_y = N\sin\frac{\alpha}{2}, \quad N_x = N\cos\frac{\alpha}{2}$$

把原来的空间力系进行转化(图5.48).然后由竖直、水平两方向的力平衡条件得

$$N_y = \Delta mg, \quad N_x = 2T\sin\frac{\Delta\theta}{2}$$

联立两式,并结合 $\sin\dfrac{\Delta\theta}{2} \approx \dfrac{\Delta\theta}{2}$ 的关系,即可得解.

图 5.47　　　　　　　　图 5.48

例题 5　质量为 m、半径为 R 的细均匀圆环放在水平面内,绕过环中心的固定轴以角速度 ω 做匀速转动,如图 5.49(a)所示,试求圆环内部的张力大小.

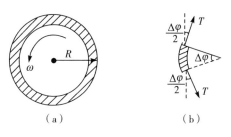

图 5.49

分析与解答　在圆环上取微元 Δl,它所对圆心角为 $\Delta\varphi$,其质量为 Δm. 这段微元在水平面内仅受到邻近部分的张力 T 的作用,其法向分力就是微元做圆周运动的向心力. 由图 5.49(b)根据向心力公式有

$$2T\sin\frac{\Delta\varphi}{2}=\Delta m\omega^2 R$$

式中

$$\Delta m=\frac{m}{2\pi}\Delta\varphi$$

当所取的微元很小时,$\Delta\varphi \to 0$,有近似关系

$$\sin\frac{\Delta\varphi}{2}\to\frac{\Delta\varphi}{2}$$

于是得

$$T = \frac{m}{2\pi}\omega^2 R$$

说明 原来是一个质量均匀分布的圆环,采用微元法后,就可以转化为一个质点动力学的问题.如果变换成一个均匀带电的圆环,在磁场中匀速旋转,就可以用类似的方法研究了.下面这个练习题,只要具备了洛伦兹力的知识,就可以顺利求解.

练习题

如图 5.50 所示,一个质量分布均匀的细环,半径为 R、质量为 m,环上均匀带有正电荷 Q.现将这个圆环放在绝缘、光滑的水平面上,并处于磁感应强度为 B、方向竖直向下的匀强磁场中.当这个圆环绕中心轴 O 以角速度 ω 顺时针方向旋转时,环上各部分间的张力为多大?

参考答案: $\dfrac{\omega R}{2\pi}(QB + m\omega)$.

提示:取微元 Δl,所对圆心角为 $\Delta \theta$,其质量 $\Delta m = \dfrac{m}{2\pi R}\Delta l$,电量 $\Delta q = \dfrac{Q}{2\pi R}\Delta l$.它受到两侧邻近部分的张力 T 和洛伦兹力 f 三个力作用(图 5.51).它们沿半径方向的合力提供微元的向心力,并考虑近似关系 $\Delta l = R\Delta \theta$,$\sin\dfrac{\Delta \theta}{2} = \dfrac{\Delta \theta}{2}$,即得.

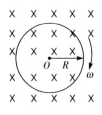

图 5.50

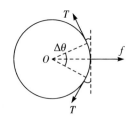

图 5.51

5 分割与积累思想在中学物理解题中的应用

例题 6 一个橡皮圈挂在钉子上时的总长度为 $2h$(图 5.52 左). 现在将它放在水平面上,要求它旋转起来后的长度也为 $2h$,则橡皮圈旋转的角速度应该为多大？假设橡皮圈的形变也遵循胡克定律.

分析与解答 由于橡皮圈同样遵循胡克定律,因此可以把它看成一个弹簧. 设橡皮圈的质量为 m,劲度系数为 k,根据前面 4.4(2) 中得到的结论：它在自身重力作用下的伸长量,相当于受自身的一半重力作用所引起的. 悬挂起来相当于对折,每半条的质量和劲度系数分别为

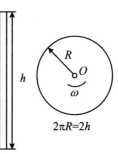

图 5.52

$$m' = \frac{1}{2}mg, \quad k' = 2k$$

则半条橡皮圈的伸长量为

$$\Delta l' = \frac{\frac{1}{2}m'g}{k'} = \frac{mg}{8k}$$

因此整个橡皮圈的伸长量为

$$\Delta l = 2\Delta l' = \frac{mg}{4k} \quad\quad ①$$

这也就是橡皮圈在水平面上旋转时的伸长量.

要求橡皮圈在水平面上旋转时的长度也为 $2h$,即应满足条件(图 5.52 右)

$$2\pi R = 2h \quad 或 \quad R = \frac{h}{\pi} \quad\quad ②$$

在旋转的橡皮圈上取长为 $\Delta x = R\alpha$ 的一小段,则其质量为

$$\Delta m = \frac{\alpha}{2\pi}m \quad\quad ③$$

这一小段橡皮圈由两侧张力的合力提供向心力(图 5.53),即

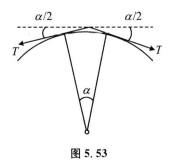

图 5.53

$$\Delta m\omega^2 R = 2T\sin\frac{\alpha}{2} = T\alpha \quad ④$$

根据题意,橡皮圈旋转时的张力为

$$T = k\Delta l = \frac{mg}{4} \quad ⑤$$

将式②、③、⑤的关系代入式④,即得橡皮圈在水平面上的角速度为

$$\omega = \pi\sqrt{\frac{g}{2h}}$$

说明 本题中以微元法为核心,将胡克定律、串联弹簧劲度系数的关系、向心力公式、小角近似等知识点和方法融合起来,综合性强,有一定难度,请读者注意体会.

例题 7 一条长度为 l 的光滑管道连接着高度差为 h 的 A、B 两点,在管内沿整个管长放一根绳子,并在 A 端拉住绳子(图 5.54).当把绳子轻轻放开的瞬间,绳子开始运动时的加速度为多大?

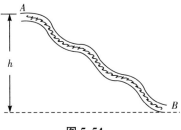

图 5.54

分析与解答 假设放手后在绳子开始运动的极短时间 Δt 内,绳子发生的位移为 Δl,具有的速度为 v. 由于 Δt 很小,可以认为在这一小段时间内绳子沿着管道做匀变速运动.因此有关系式

$$v^2 = 2a\Delta l \quad ①$$

式中 a 就是最初时刻绳子上各点所具有的加速度.

绳子沿着管道运动的过程中,只有重力做功,因此对绳子和地球系统来说,机械能守恒,绳子运动后动能的增加是以绳子的重力势能的减少为代价的,即

5 分割与积累思想在中学物理解题中的应用

$$\frac{1}{2}mv^2 = \Delta E_P \qquad ②$$

式中 ΔE_P 就是在时间 Δt 内绳子势能的变化. 这个变化也可以看成是长度为 Δl 的一小段绳子从 A 点转移到 B 点,引起绳子质量的重新分布而产生的. 因此

$$\Delta E_P = \left(\frac{\Delta l}{l}m\right)gh \qquad ③$$

联立式①—式③,即得放开绳子瞬间绳子开始运动时的加速度

$$a = \frac{h}{l}g$$

例题 8 如图 5.55 所示,一支细水管出水率为 $0.8\,\text{kg/s}$,从水平方向冲击质量为 $1.2\,\text{kg}$ 的木块,使木块在水平面上滑动. 设木块所受的水平摩擦力为 $1.8\,\text{N}$. 当木块以加速度 $a = 0.5\,\text{m/s}^2$ 运动时,水管管口的出水速度多大? 可以近似认为水在水平方向发射,与木块碰撞后的水速可以忽略不计.

图 5.55

分析与解答 设水对木块形成的水平冲击力为 F,根据牛顿第二定律有

$$F - f = ma$$

得水平冲击力大小为

$$F = f + ma = 1.8\,\text{N} + 1.2 \times 0.5\,\text{N} = 2.4\,\text{N}$$

由于水流的冲击是连续的,为了计算它所形成的冲击力,可以在水柱中取质量为 Δm 的一小块进行研究. 根据动量定理

$$F\Delta t = \Delta mv$$

已知出水率为 $0.8\,\text{kg/s}$,表示 $\dfrac{\Delta m}{\Delta t} = 0.8\,\text{kg/s}$,因此水流速度大小为

$$v = \frac{F}{\frac{\Delta m}{\Delta t}} = \frac{2.4}{0.8} \text{m/s} = 3 \text{ m/s}$$

说明 本题系2008年浙江大学自主招生试题. 研究水流、气流、微粒流这样的连续质点流的作用时, 选取其中的一个微元是基本的方法, 本题具有一定的典型意义, 注意领悟.

例题 9 一根长为 l、质量为 m 的均匀柔软绳子, 挂在两个很靠近的钩子上, 现左端突然从钩子上脱落, 当下落的绳端离开钉子的距离为 x 时(图 5.56), 绳子对右端钩子的拉力为多大?

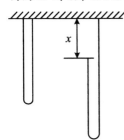

图 5.56

分析与解答 当左端下落距离 x 时, 左、右两端绳长分别为

$$l_{左} = \frac{l}{2} - \frac{x}{2}, \quad l_{右} = \frac{l}{2} + \frac{x}{2}$$

绳端速度大小为

$$v = \sqrt{2gx}$$

为了计算对右端钩子的拉力, 可考虑从此时再经过极短时间 Δt 内产生的影响. 在这段时间内, 左端下落的绳子长度可认为等于 $v\Delta t$, 则又有长为 $\Delta l = \frac{1}{2} v \Delta t$ 的一小段绳子转移到右端. 以这小段绳子为研究对象, 它在右边上部绳子的拉力(T)和自身重力($\Delta m g$)的共同作用下, 其动量从 $\Delta m v$ 变化到 0. 根据动量定理, 设向上为正方向时有

$$(T - \Delta m g)\Delta t = 0 - (-\Delta m v)$$

得

$$T = \frac{\Delta m v}{\Delta t} + \Delta m g$$

式中

$$\Delta m = \frac{m}{l} \Delta l = \frac{m}{2l} v \Delta t$$

代入上式,并考虑到当 Δt 极短时,这小段绳子的重力 Δmg 甚小于拉力 T,因此上式可近似为

$$T \approx \frac{mv^2}{2l} = \frac{m}{2l} \cdot 2gx = \frac{x}{l}mg$$

所以右端钩子对绳子的拉力大小为

$$F = \frac{1}{2}(l+x) \cdot \frac{m}{l}g + T = \frac{1}{2}(l+x) \cdot \frac{m}{l}g + \frac{x}{l}mg$$
$$= \frac{1}{2}mg\left(1 + \frac{3x}{l}\right)$$

说明 由结果的表达式可知,当绳子全部伸直时,左段落下的距离 $x = l$,则右端钩子对绳子的拉力大小

$$F = 2mg$$

这也就是右端绳子对钩子的拉力.可见,要求一端绳子伸直时右端钩子不被拉断,至少要求能够承受 2 倍绳子的重力.

例题 10 如图 5.57 所示,在半径为 R 的圆柱形容器中盛有高为 H 的水,在容器底部开一半径为 r 的小孔,孔上有塞子,当把塞子拔掉时,最初的水以多大的速率从孔中流出?*

分析与解答 拔掉塞子,从孔中流出水时,液面不断降低.由于容器内的其余部分水对器壁的压强和压力一直在变化,要确定从孔中流出的水的速率难以用公式直接求出.为此,我们可以采用微元法,取拔掉塞子的瞬间流出小孔处质量为 Δm 的一小块液体为研究对象.由于这块液体很小,可以认为它流出前后,上部液体在出口处产生的压强 p 保持恒定,因而压力 F 也可看成是一个恒力,其大小为

$$F = p\Delta S = p\pi r^2 = \rho g H \pi r^2$$

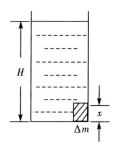

图 5.57

---

* 本题初稿由王洪泉老师等提供.

设这小块液体流出的速度为 v,在极短时间 Δt 内发生位移 Δx,因此这小块液体的质量

$$\Delta m = \rho \pi r^2 \Delta x$$

对这小块液体应用动能定理,由

$$F\Delta x = \frac{1}{2}\Delta m v^2 - 0$$

联立解得

$$v = \sqrt{2gH}$$

说明 例题7和例题9,分别是不规则形状的曲线和难以分割的液体,表面看来似无法下手. 采用微元法,选取合适的微元为研究对象后,就很容易确定其运动状态的变化,从而找出最终结果.

例题11(2002 上海) 图 5.58 所示为利用电磁作用输送非导电液体装置的示意图. 一边长为 L、截面为正方形的塑料管道水平放置,其右端面上有一截面积为 A 的小喷口,喷口离地的高度为 h. 管道中有一绝缘活塞,在活塞的中部和上部分别嵌有两根金属棒 a、b,其中棒 b 的两端与一电压表相连,整个装置放在竖直向上的匀强磁场中. 当棒 a 中通有垂直纸面向里的恒定电流 I 时,活塞向右匀速推动液体从喷口水平射出,液体落地点离喷口的水平距离为 s. 若液体的密度为 ρ,不计所有阻力. 求:

(1) 活塞移动的速度;

(2) 该装置的功率.*

---

* 这里为了突出对微元的选择,仅取用该试题的(1)、(2)两部分,相当于一个力学问题. 原题还要求:(3) 磁感应强度 B 的大小;(4) 若在实际使用中发现电压表的读数变小,试分析其可能的原因. 请同学们自行研究.

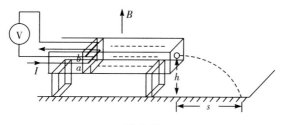

图 5.58

分析与解答 (1) 液体可以看成一群连续分布的质点,为此可选取极短时间 Δt 内从小喷口喷出的液体为研究对象.设液体从喷口喷出的速度为 v_0,活塞移动的速度为 v,根据液体的不可压缩性,一定有关系式

$$v\Delta t \cdot L^2 = v_0 \Delta t \cdot A \qquad ①$$

根据平抛运动的特点又有

$$s = v_0 \sqrt{\frac{2h}{g}} \qquad ②$$

联立式①、式②,得活塞移动的速度

$$v = \frac{As}{L^2} \sqrt{\frac{g}{2h}} \qquad ③$$

(2) 该装置中,活塞移动时推动液体做的功转化为喷出液体的动能.设该装置的功率为 P,若仍然以 Δt 时间内从喷口喷出的液体 Δm 为研究对象,其速度从 $v \to v_0$,根据动能定理有

$$P\Delta t = \frac{1}{2}\Delta m (v_0^2 - v^2)$$

式中 $\Delta m = \rho \cdot v \Delta t \cdot L^2$,依次代入式①和式②结果,得

$$P = \frac{1}{2}\rho v L^2 (v_0^2 - v^2) = \frac{1}{2}\rho A \left(1 - \frac{A^2}{L^4}\right) v_0^3$$

$$= \frac{\rho A (L^4 - A^2) s^3}{2L^4} \left(\frac{g}{2h}\right)^{3/2}$$

说明 在(2)中,也可以用管道中的全部液体作为研究对象,设管道长为 d,管道内全部液体喷出的时间为 t,列出动能定理表达式

$$Pt = \Delta E_k = \frac{1}{2}\rho dL^2(v_0^2 - v^2)$$

式中

$$t = \frac{d}{v}$$

同样可以得到该装置的功率.

例题 12 我们知道,牛顿在得到他的伟大发现万有引力的过程中,有一个重要的环节——月地检验.牛顿认为,地面上的物体从高处落下,是由于受到地球引力的作用,这个引力应该延伸到很高的高空,月球也应该跟地面上的物体一样,具有落向地球的加速度.根据这个思想,他成功地进行了著名的月地检验.试根据这一思路,运用你已学过的知识,对月地检验作一探究.

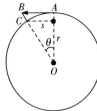

图 5.59

分析与解答 如图 5.59 所示,设某时刻月球位于轨道上位置 A,如果没有地球的引力作用,它将沿着切线 AB 方向运动,经时间 Δt 到达位置 B;由于地球引力的作用,它也像地面上物体一样沿着半径方向自由下落,在时间 Δt 内从 B 下落到 C.因此,在一个极短时间 Δt 内,月球沿圆轨道的运动可以看成沿切线方向的匀速运动和沿半径方向的自由落体运动的合运动.

设月球绕地球运动的半径为 r,A、C 两处半径间夹角为 θ,弧 $AC = s$,则

$$\theta = \frac{s}{r} \qquad ①$$

当 Δt 极短时,可以有近似关系

5 分割与积累思想在中学物理解题中的应用

$$\cos\theta = (1-\sin^2\theta)^{1/2} \approx 1 - \frac{1}{2}\sin^2\theta \approx 1 - \frac{\theta^2}{2} \qquad ②$$

在这段时间里月球下落的高度结合式①、式②后可以表示为

$$h = BC \approx r(1-\cos\theta) = r \cdot \frac{\theta^2}{2} = \frac{s^2}{2r} \qquad ③$$

设月球绕地球运动的周期为 T,则 Δt 时间内通过的弧长 $s = \frac{2\pi r}{T}\Delta t$,代入式③后得

$$h = \frac{2\pi^2 r \Delta t^2}{T^2}$$

地面上的物体在同一时间 Δt 内下落的高度为

$$h' = \frac{1}{2}g_{地}\Delta t^2$$

两式相比,得

$$\frac{h}{h'} = \frac{4\pi^2 r}{g_{地}T^2}$$

代入月球运动的数据: $r = 60R = 3.84 \times 10^8$ m, $T = 27.3$ d $\approx 2.36 \times 10^6$ s, $g_{地} = 9.8$ m/s², 则

$$\frac{h}{h'} = \frac{1}{3\,600} = \frac{1}{60^2}$$

在月球下落的极短时间内受到地球的引力,可以看成恒力,由运动学公式 $h = \frac{1}{2}at^2$ 知,月球落向地球的加速度与地面物体下落的重力加速度之比为

$$\frac{a_{月}}{g_{地}} = \frac{h}{h'} = \frac{1}{60^2}$$

得

$$a_{月} = \frac{1}{60^2}g_{地} = 2.72 \times 10^{-3}\ \text{m/s}^2$$

另一方面,直接根据月球绕地球运动的半径和周期,应用向心力公式得到月球的向心加速度为

$$a_n = \frac{4\pi^2}{T^2}r = 2.72 \times 10^{-3} \text{ m/s}^2$$

两者符合得很好.由此可见,地面物体所受的重力与地球吸引月球的力是同一性质的力,遵循着同样的物理规律.

说明 牛顿的月地检验是一个多么重大的环节,现在,我们结合运动合成的道理,借用微元分析方法,居然就可以在中学物理的知识范围内得到结果,不得不让我们感叹微元法的神威了.

例题 13 如图 5.60(a) 所示,一个半径为 R 的 1/4 光滑球面固定在水平桌面上,球面上放置一段光滑均质链条,其一端 A 固定在球面的顶点,另一端 B 恰好与桌面不接触.若链条单位长度的质量为 ρ,试求链条 A 端受到的拉力大小.

分析与解答 在链条上倾角为 θ 处任意取一个长为 Δl 的微元,它受到四个力的作用:重力 $\Delta mg = \rho g \Delta l$,球面支持力 N,两端链条的拉力 T_1 和 T_2(图 5.60(b)).平衡时,在切线方向上有关系式

$$T_2 = T_1 + \Delta mg \cos \theta$$

则

$$\Delta T = T_2 - T_1 = \Delta mg \cos \theta = \rho g \Delta l \cos \theta$$

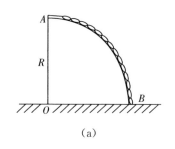

(a)

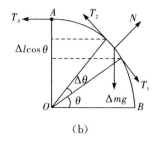

(b)

图 5.60

由于微元位置是任意选取的,因此上式表示链条的任何一段微

元,沿着球面切线向上的拉力都比沿着切线向下的拉力大 ΔT,而 A 端的拉力就等于各个微元沿切线方向上拉力之差 ΔT 的总和,即

$$T_A = \sum \Delta T = \rho g \sum \Delta l \cos \theta$$

式中 $\Delta l \cos \theta$ 相当于每个微元在竖直方向的投影,因此 $\sum \Delta l \cos \theta = R$,所以

$$T_A = \rho g R$$

说明 本题选取微元后虽然仍然属于共点力平衡问题,但难度稍稍有所增加,还需要通过对微元分析后进行积累,微积分思想体现得更充分了.

例题 14 以初速度 v_0 竖直向上抛出一个小球,经过时间 t 落回原处.假设小球运动过程中受到的阻力与其速率成正比,那么小球落回原处的速度大小是多少?

分析与解答 设小球受到的阻力可表示为 $f = kv$,在上升过程和下落过程中的加速度分别为

$$a_1 = \frac{mg + kv}{m} = g + \frac{kv}{m}$$

$$a_2 = \frac{mg - kv}{m} = g - \frac{kv}{m}$$

两者的加速度方向都向下.

由于小球在上升和下落过程中都做变加速运动,无法直接应用运动学公式计算,为此,可在上升和下落过程中分别选取时间元 Δt,并通过对时间元的积累找出关系式(图 5.61).

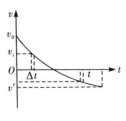

图 5.61

设上升时间为 t_1,最大上升高度为 h,则对上升过程有

$$0 = v_0 - \sum a_1 \Delta t = v_0 - \sum \left(g + \frac{kv}{m} \right) \Delta t$$

$$= v_0 - g\sum \Delta t - \frac{k}{m}\sum v\Delta t$$

$$= v_0 - gt_1 - \frac{k}{m}h \qquad ①$$

设下落时间为 t_2，落回原处的速度为 v'，则对下落过程同理有

$$v' = \sum a_2 \Delta t' = \sum \left(g - \frac{kv}{m}\right)\Delta t' = g\sum \Delta t' - \frac{k}{m}\sum v\Delta t'$$

$$= gt_2 - \frac{k}{m}h \qquad ②$$

联立式①、式②，根据题设条件，有

$$t_1 + t_2 = t$$

则得落回原处的速度大小为

$$v' = gt - v_0$$

说明 上面解答中是分段列式的，若以向上为正方向，可以统一看成减速运动，于是就可以更简洁地直接列出一个关系式，即

$$v' = v_0 - \sum a\Delta t = v_0 - \sum a_1 \Delta t - \sum a_2 \Delta t'$$

请同学们完成下面的解答.

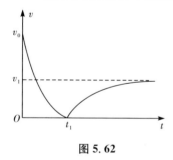

图 5.62

例题 15 从地面上以初速度 v_0 竖直向上抛出质量为 m 的球，若运动过程中受到的空气阻力与其速率成正比，球运动的速率随时间变化规律如图 5.62 所示，t_1 时刻到达最高点，再落回地面，落地时速率为 v_1，且落地前球已经做匀速运动. 求：

(1) 球从抛出到落地过程中克服空气阻力所做的功；

(2) 球抛出瞬间的加速度大小；

(3) 球上升的最大高度.

分析与解答 （1）球从抛出到落地的全过程中，只有空气阻力

5 分割与积累思想在中学物理解题中的应用

对它做功.根据动能定理

$$W_f = \Delta E_k = \frac{1}{2}mv_1^2 - \frac{1}{2}mv_0^2$$

所以小球克服空气阻力做功为

$$W_{克服} = -W_f = \frac{1}{2}mv_0^2 - \frac{1}{2}mv_1^2$$

(2) 设空气阻力为 $f = kv$,球抛出瞬间受到两个力:空气阻力为 $f_0 = kv_0$,重力 mg,其方向均竖直向下.以竖直向下为正方向,根据牛顿第二定律有

$$mg + kv_0 = ma_0 \quad \Rightarrow \quad a_0 = g + \frac{kv_0}{m}$$

由题意知,落地前小球做匀速运动,有

$$mg = kv_1 \quad \Rightarrow \quad k = \frac{mg}{v_1}$$

所以,小球抛出时的加速度为

$$a_0 = \left(1 + \frac{v_0}{v_1}\right)g \quad (方向竖直向下)$$

(3) 由于小球在上升过程中做着非匀加速运动,若以向上为正方向,则

$$-(mg + kv) = ma \quad \Rightarrow \quad a = -g - \frac{k}{m}v$$

为了计算球上升的最大高度,可取极短时间 Δt,对应的速度变化和位移变化分别为

$$\Delta v = a\Delta t = -g\Delta t - \frac{k}{m}v\Delta t, \quad \Delta h = v\Delta t$$

即

$$\Delta v = -g\Delta t - \frac{k}{m}\Delta h$$

根据 Δv 在整个上升过程中的积累

$$\sum \Delta v = -g \sum \Delta t - \frac{k}{m} \sum \Delta h$$

得

$$0 - v_0 = -gt_1 - \frac{k}{m}H$$

所以上升的最大高度为

$$H = \frac{m(v_0 - gt_1)}{k} = \frac{(v_0 - gt_1)v_1}{g}$$

说明 对于非匀变速运动的位移,无法直接应用中学物理的公式进行计算.利用微积分思想就可以突破这个障碍.基本方法是先取一个极短时间,找出速度及相关物理量之间的变化关系,然后根据题设条件对它进行积累.

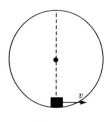

图 5.63

例题 16 如图 5.63 所示,一个质量为 m 的物体,以恒定的速率 v 在半径为 R 的竖直圆轨道内部运动.已知物体与轨道间的动摩擦因数为 μ,试求物体从轨道最低点运动到最高点的过程中,摩擦力做功为多少?*

分析与解答 物体沿轨道运动过程中,由于受到轨道的支持力的大小、方向不断发生变化,轨道对物体的摩擦力也随之变化,所以不能直接应用公式 $W = Fs\cos\alpha$ 进行计算.

为此,可结合圆轨道的对称性采用微元法进行研究.如图 5.64 所示,在轨道的水平轴上下取两个对称点 A、B,这两处的半径与水平方向间的夹角均为 θ,取一段极短的时间 Δt,并满足条件

$$t_{aA} = t_{Bb}, \quad \angle aOA = \angle BOb = \Delta\theta$$

当 Δt 很小时,这两段弧 aA 和 Bb 都可以看成直线,摩擦力的方

---

* 本题为早期全俄中学生物理竞赛试题,在当前中学物理教学中,微元法和微积分思想逐渐受到重视的时候,该题作为例题很有经典意义.

向沿着 aA 和 Bb 直线. 因此,在这两段微小位移内摩擦力做的功为

$$\Delta W_f = \Delta W_{aA} + \Delta W_{Bb}$$
$$= -\mu(N_A + N_B)R\Delta\theta \qquad ①$$

物体在圆轨道内部做匀速率圆周运动时,应满足向心力条件

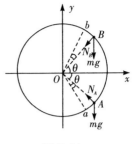

图 5.64

$$N_A - mg\sin\theta = m\frac{v^2}{R}$$

$$N_B + mg\sin\theta = m\frac{v^2}{R}$$

得

$$N_A = m\frac{v^2}{R} + mg\sin\theta, \quad N_B = m\frac{v^2}{R} - mg\sin\theta$$

代入式 ① 得

$$\Delta W_f = -2\mu mv^2 \Delta\theta$$

物体从最低点运动到最高点的过程中 ($0 \leqslant \theta \leqslant \frac{\pi}{2}$),摩擦力所做的功就是各个元过程中摩擦力做功的总和,相当于对 $\Delta\theta$ 的积累过程,所以,这个过程中摩擦力做功大小为

$$W = \sum \Delta W_f = -2\mu mv^2 \sum \Delta\theta = -2\mu mv^2 \cdot \frac{\pi}{2} = -\pi\mu mv^2$$

说明 一些同学很好奇地问:怎么会想到取两个对称点的位置来考虑? 实际上,刚接触到本题时,从轨道支持力和摩擦力不断变化的特点,很容易想到应该采用微元法. 当对某一点(如 A 点)取一个微小过程建立方程后,很快就可以发现,重力的分力在半圆的上下起着不同的作用(数学上表现为正负),而且仅从一点建立方程积累时会遇到数学上的麻烦,于是,就转向取对称的两位置统一考虑. 这样,就顺利地突破了变力的困难.

应该认识到:许多时候,解题的过程就是一个不断拨正航向、调整思路的过程.对于某些比较有难度的问题,不要企望一眼看穿!

例题 17 如图 5.65 所示,一个质量为 m 的钢性圆环套在一根固定的足够长的水平直杆上,环的半径略大于杆的半径.环与杆之间的动摩擦因数为 μ,$t=0$ 时刻给环一个向右的初速度 v_0,同时对环施加一个方向始终竖直向上的力 F,已知力 F 的大小 $F=kv$(k 为常数,v 为环的运动速度),且有 $kv_0>mg$.$t=t_1$ 时刻环开始沿杆做匀速直线运动,试求:

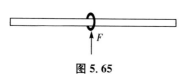

图 5.65

(1) $t=0$ 时刻环的加速度;

(2) 全过程中环克服摩擦力所做的功;

(3) t_1 时间内环沿杆运动的距离.*

分析与解答 (1) $t=0$ 时,由于 $F=kv_0>mg$,使环向上压紧直杆,在摩擦力作用下产生加速度,即

$$\mu(kv_0-mg)=ma \quad \Rightarrow \quad a=\frac{\mu(kv_0-mg)}{m}$$

方向水平向左.

(2) 环向右滑动时,在摩擦力作用下其速度逐渐减小.设 $t=t_1$ 时刻起环做匀速运动的速度为 v_1,则此时满足条件

$$kv_1=mg$$

意味着此后环与直杆之间没有相互作用了,因此也就不再受到摩擦力作用.

在 $t=0 \to t_1$ 时间内,设摩擦力做功为 W,这个功也就是全过程中摩擦力做的功.由动能定理

---

* 本题取自 2009 年河南联考试题,初稿由王洪泉老师等提供.

5 分割与积累思想在中学物理解题中的应用

$$W = \frac{1}{2}mv_1^2 - \frac{1}{2}mv_0^2 = \frac{1}{2}m\left(\frac{m^2g^2}{k^2} - v_0^2\right)$$

所以全过程中环克服摩擦力做功为

$$W_{克服} = -W_f = \frac{1}{2}m\left(v_0^2 - \frac{m^2g^2}{k^2}\right)$$

（3）圆环向右做减速运动，以速度方向为正方向时，速度为 v 时的加速度可表示为

$$a = -\frac{\mu(kv - mg)}{m} = \mu g - \frac{\mu k}{m}v$$

因此在 $t = 0 \to t_1$ 中任意时刻，经极短时间后引起的速度变化为

$$\Delta v = a\Delta t = \mu g \Delta t - \frac{\mu k}{m}v\Delta t$$

通过 $t = 0 \to t_1$ 的积累，即

$$\sum \Delta v = \mu g \sum \Delta t - \frac{\mu k}{m}\sum v\Delta t$$

得

$$v_1 - v_0 = \mu g t_1 - \frac{\mu k}{m}x$$

所以在 t_1 时间内沿杆运动的距离为

$$x = \frac{mgt_1}{k} + \frac{mv_0}{\mu k} - \frac{mv_1}{\mu k} = \frac{mgt_1}{k} + \frac{mv_0}{\mu k} - \frac{m^2g}{\mu k^2}$$

说明 解题中对每个小细节都不要含糊.例如，需认识摩擦力的功与克服摩擦力的功以及全过程的含义；认识到物理中的符号 Δ 表示增量，应该是后来的量减去开始时的量（后面的问题中常会涉及）.这不仅是一种学习态度，更直接地反映了对知识和应用是否透彻理解.

例题 18 俄罗斯科学家根据同步卫星在地球同步轨道上的飞行原理首先提出了"太空天梯"的构想，以方便向天空实验室运送人员或补充物资.英国科幻作家阿瑟·克拉克在他 1978 年出版的小说

《天堂喷泉》中使这一构想广为人知.太空天梯的主体是一个永久性连接太空站(同步卫星)和地面基站的缆绳,通过太阳能驱动的"爬行器"沿着缆绳可爬上太空.试分析说明:该天梯的高度应该为多少?已知地球半径 $R=6.37\times10^6$ m,地面重力加速度 $g=9.8$ m/s^2.

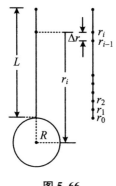

图 5.66

分析与解答 要求"天梯"在空中相对地球静止不动,与地面之间没有相互作用力,天梯的下端只能竖立在地球赤道上某处,且必须与地球一起同步转动,天梯所受到的地球引力恰好全部作为其同步转动的向心力.

如图 5.66 所示,设天梯高为 L,单位长度的质量(线密度)为 ρ.为了计算地球对天梯的引力,可以从赤道表面起将天梯均分成极小的 n 小段,从赤道表面起各个等分点分别标为 r_0、r_1、r_2、$\cdots$、r_{i-1}、r_i、$\cdots$、r_{n-1}、r_n(r_0 与 r_n 为始末两点),每小段长

$$\Delta r = r_1 - r_0 = r_2 - r_1 = \cdots = r_i - r_{i-1} = \cdots = r_n - r_{n-1}$$

设地球半径为 R,各个等分点离开地心的距离分别为

$$r_0 = R$$
$$r_1 = R + \Delta r$$
$$r_2 = r_1 + \Delta r = R + 2\Delta r$$
$$\cdots$$
$$r_n = R + n\Delta r = R + L$$

离开地心为 r_{i-1}—r_i 间、长度为 Δr 的小段天梯,它所受到的地球引力为

$$F_i = G\frac{M\rho\Delta r}{r_i^2}$$

由于 Δr 很小,因此 $r_i r_{i-1} = r_i(r_i - \Delta r) \approx r_i^2$,因此上式可以表示为

$$F_i = G\frac{M\rho\Delta r}{r_i^2} \approx G\frac{M\rho\Delta r}{r_i r_{i-1}} = GM\rho\left(\frac{r_i - r_{i-1}}{r_i r_{i-1}}\right)$$

$$= GM\rho\left(\frac{1}{r_{i-1}} - \frac{1}{r_i}\right)$$

地球对整个天梯的引力,等于它对天梯各个小段引力之和,即

$$F = \sum F_i = MG\rho \sum_{i=1}^{n}\left(\frac{1}{r_{i-1}} - \frac{1}{r_i}\right)$$

$$= GM\rho\left[\left(\frac{1}{r_0} - \frac{1}{r_1}\right) + \left(\frac{1}{r_1} - \frac{1}{r_2}\right) + \cdots + \left(\frac{1}{r_{n-1}} - \frac{1}{r_n}\right)\right]$$

由于括号内从 $\frac{1}{r_1}$ 起至 $\frac{1}{r_{n-1}}$ 的各项正好抵消,因此引力的大小为

$$F = GM\rho\left(\frac{1}{r_0} - \frac{1}{r_n}\right) = GM\rho\left(\frac{1}{R} - \frac{1}{R+L}\right) \qquad ①$$

由于天梯各部分的质量分布均匀,其质心位置在天梯中央,离开地心距离为 $r_心 = R + \frac{L}{2}$. 设地球的自转周期为 T,则使天梯随地球一起旋转时所需要的向心力大小为

$$F_心 = m\frac{4\pi^2 r_心}{T^2} = \rho L\left(R + \frac{L}{2}\right)\frac{4\pi^2}{T^2} \qquad ②$$

联立式①、式②,得

$$GM\rho\left(\frac{1}{R} - \frac{1}{R+L}\right) = \rho L\left(R + \frac{L}{2}\right)\frac{4\pi^2}{T^2}$$

将它展开、化简后,可得关于 L 的二次方程

$$L^2 + 3RL + 2R^2 - \frac{GMT^2}{2\pi^2 R} = 0 \qquad ③$$

在地球表面时,由关系式

$$G\frac{Mm}{R^2} = mg \quad \Rightarrow \quad GM = R^2 g$$

将 GM 的值代入式③,得

$$L^2 + 3RL + 2R^2 - \frac{RgT^2}{2\pi^2} = 0$$

于是得天梯高度为

$$L = \frac{-3R \pm \sqrt{9R^2 - 4\left(2R^2 - \dfrac{RgT^2}{2\pi^2}\right)}}{2}$$

$$= \frac{-3R \pm \sqrt{R^2 + \dfrac{2RgT^2}{\pi^2}}}{2}$$

代入数据：地球半径 $R = 6.37 \times 10^6$ m，自转周期 $T = 8.64 \times 10^4$ s，地面重力加速度 $g = 9.8$ m/s^2，并在上式根号前取正，得天梯高度为

$$L = 1.44 \times 10^8 \text{ m}$$

说明　本题取自 2009 年上海交大夏令营试题. 由上述计算结果可知，设想的天梯高度比通常意义上的地球同步卫星高度(3.58×10^7 m)更高. 天梯的设想很有意义，不过对于目前的科学技术水平来说，仿佛是一首美妙的科学畅想曲，能否实现就需要等待今后的科学家和工程技术人员(包括阅读本书的同学们)共同努力了.

(2) 电磁学问题中的应用

例题 1　如图 5.67(a) 所示，电荷 $+Q$ 均匀分布在半径为 R 的圆环上，试求在圆环轴线上距圆心 O 点为 x 处的 P 点的电场强度.

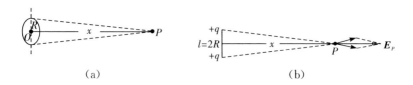

图 5.67

分析与解答　圆环上的电荷为线分布，不能看成点电荷. 为此，可以将圆环作 n 等分，当 n 很大时，每一部分(电荷元)很小，可以看

成点电荷,其电量为 $q = \dfrac{Q}{n}$.

先考虑位于直径两端的两小部分电荷,很容易算出它们在 P 点产生的场强大小为

$$E_i = k\frac{2qx}{(R^2+x^2)^{3/2}} = k\frac{2\dfrac{Q}{n}x}{(R^2+x^2)^{3/2}}$$

其方向沿着轴线向外(图 5.67(b)).

整个圆环在 P 点产生的电场强度,等于 $\dfrac{n}{2}$ 对这样的等量同号电荷产生电场强度的同向叠加,于是得

$$E_P = \sum E_i = \frac{n}{2} \cdot k\frac{2\dfrac{Q}{n}x}{(R^2+x^2)^{3/2}} = \frac{kQx}{(R^2+x^2)^{3/2}}$$

说明 如果在 E_P 的表达式中,有 $R \ll x$,则 $R^2+x^2 \approx x^2$,相当于 $R \to 0$,于是可得到

$$E_P = k\frac{Q}{x^2}$$

这就是点电荷的电场强度.而当 $x \to 0$ 时,则 $E_P = 0$,即均匀带电圆环的环心电场强度为零,根据电场强度的矢量性,这个结果是显然的.

对于微元法的应用和场强的分解比较熟练的同学,也可以将电荷元用角度表示,即

$$\Delta q = R\Delta\theta \frac{Q}{2\pi R}$$

它在 P 点产生的电场强度沿 x 方向的分量(图 5.68)为

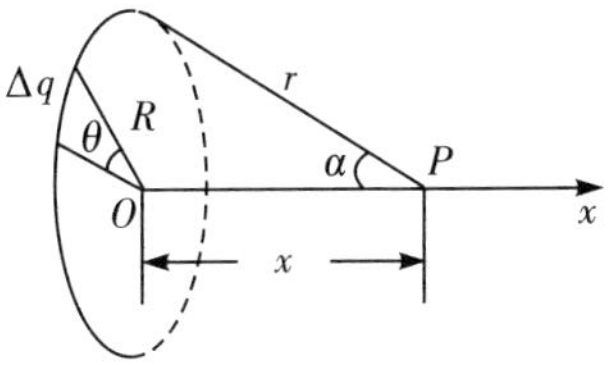

图 5.68

$$\Delta E_x = k\frac{\Delta q}{r^2}\cos\alpha = k\frac{R\Delta\theta Q}{2\pi R(R^2+x^2)} \cdot \frac{x}{(R^2+x^2)^{1/2}}$$

$$= \frac{kQx}{2\pi(R^2+x^2)^{3/2}}\Delta\theta$$

得 P 点的电场强度

$$E = \sum \Delta E_x = \frac{kQx}{2\pi(R^2+x^2)^{3/2}}\sum \Delta\theta = \frac{kQx}{(R^2+x^2)^{3/2}}$$

例题 2 一无限长均匀带电细导线弯成如图 5.69 所示的平面图形,其中 AB 是半径为 R 的半圆弧,$AA' \parallel BB'$,试求圆心 O 处的电场强度.

分析与解答 这是线电荷分布的带电体,无法直接应用库仑定律,为此,需要对它进行无限小的分割,将线电荷转化为点电荷.

在半圆上任取一小段弧 ab,它所对的圆心角为 $\Delta\theta$. 连接 aO、bO 并延长交 BB' 于 a'、b',如图 5.70 所示.

设细线上每单位长度的电荷量为 η,则弧 ab 的带电量及其在 O 点产生的电场强度分别为

$$q = \eta \cdot R\Delta\theta \qquad ①$$

$$\Delta E = k\frac{q}{R^2} = \frac{k\eta\Delta\theta}{R} \quad (\text{方向指向} Ob') \qquad ②$$

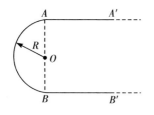

图 5.69

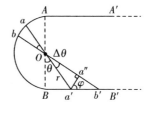

图 5.70

线段 $a'b'$ 所带的电荷量为

$$q' = \eta \cdot a'b' \qquad ③$$

从 a' 点作 Ob' 的垂线 $a'a''$,则 $a'b' = \dfrac{a'a''}{\cos\varphi}$,$\varphi = \theta + \Delta\theta$,当弧 ab 很小时,$\Delta\theta \to 0$,$\varphi \approx \theta$,则

$$\cos\varphi = \cos\theta = \frac{R}{r}, \quad a'a'' = r\Delta\theta$$

$$a'b' = \frac{a'a''}{\cos\varphi} = \frac{a'a''}{\cos\theta} = \frac{r^2\Delta\theta}{R}$$

因此 $a'b'$ 的电荷在 O 点产生的电场强度为

$$\Delta E' = k\frac{q'}{r^2} = k\frac{\eta \cdot a'b'}{r^2} = \frac{k\eta\Delta\theta}{R} \quad \text{④}$$

其方向指向 Ob. 比较式 ②、式 ④ 可知

$$\Delta E' = -\Delta E \quad \text{或} \quad \Delta E + \Delta E' = 0$$

由此可以推知,在半圆弧上半部的各小段圆弧的电荷产生的电场强度,与 BB' 上对应直线段电荷产生的电场强度的合场强为零;同理,半圆弧下半部的各小段圆弧的电荷产生的电场强度,与 AA' 上对应直线段电荷产生的电场强度的合场强为零. 所以,该系统在 O 点的总场强为零.

说明 本题是早期物理竞赛题,是一个很典型的线电荷分布和采用微元法的问题,其中一些近似关系的应用很值得体会.

例题 3 一艘宇宙飞船利用离子喷气发动机加速起飞. 若发动机的加速电压 $U = 500\,\text{kV}$,喷出二价氧离子,离子束电流 $I = 2\times 10^3\,\text{A}$,试求飞船的加速度(取 1 位有效数字). 已知电子电量 $e = 1.6\times 10^{-19}\,\text{C}$,原子单位质量 $m_0 = 1.7\times 10^{-27}\,\text{kg}$,飞船质量 $M = 200\,\text{kg}$.

分析与解答 设氧离子的电量和质量分别为 q 和 m,经加速电压后获得的动能为

$$E_k = \frac{1}{2}mv^2 = qU$$

因此每个氧离子的动量为

$$p = mv = \sqrt{2qmU}$$

假设在极短时间 Δt 内喷出 N 个氧离子,根据动量定理,这些离子产生的反冲作用对飞船的作用力大小为

$$F = N\frac{\Delta p}{\Delta t} = \frac{N}{\Delta t}\sqrt{2qmU} = \frac{Nq}{\Delta t}\sqrt{\frac{2mU}{q}}$$

将 $\frac{Nq}{\Delta t} = I, m = 16m_0, q = 2e$ 代入后,上式可表示为

$$F = 4I\sqrt{\frac{m_0 U}{e}}$$

所以飞船的加速度为

$$a = \frac{F}{M} = \frac{4I}{M}\sqrt{\frac{m_0 U}{e}}$$

代入题中数据 $M = 200 \text{ kg}, I = 2 \times 10^3 \text{ A}, e = 1.6 \times 10^{-19} \text{ C}, m_0 = 1.7 \times 10^{-27} \text{ kg}, U = 500 \text{ kV}$,取 1 位有效数字时的加速度的大小为

$$a \approx 3 \text{m/s}^2$$

说明 对于连续分布的对象(如电子流、水流等),利用微元法,选取一个极短时间过程内产生的作用进行研究,往往是最基本的研究方法.

例题 4 在磁感应强度为 B 的匀强磁场中,放置一个匝数为 N、面积为 S 的不规则线圈,它可以绕着位于线圈同一平面内的某一根轴旋转.当线圈中通以恒定电流 I 时,线圈受到的最大磁力矩为多少(图 5.71)?

分析与解答 我们知道,一个通电矩形线圈在匀强磁场中受到的最大磁力矩出现在线圈平行于磁感线的位置上(图 5.72),其值为

$$M = NISB$$

式中 S 为线圈面积,N 为匝数,I 与 B 分别为电流强度与磁感应强度.

为了确定任意形状的通电线圈所受的磁力矩,可以用一组平行线把原线圈分成许许多多极其狭小的线圈,如图 5.73(a) 所示.每一个小的"曲边四边形"线圈都可以看成一个矩形线圈.

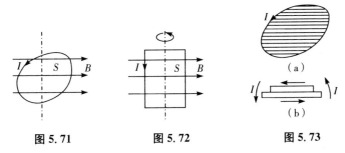

图 5.71　　　　图 5.72　　　　图 5.73

相邻两个小矩形线圈的公共边里可以看作同时有方向相反的两个电流通过(图 5.73(b)). 因此,每个小矩形线圈里的电流就如同整个线圈里的电流一样. 于是,整个线圈所受磁力矩等于一系列小矩形线圈所受磁力矩之和,即

$$M = M_1 + M_2 + M_3 + \cdots + M_n$$

设每个小矩形线圈的面积依次为 $S_1, S_2, S_3, \cdots, S_n$,每个小矩形线圈所受到的最大磁力矩依次为

$$M_1 = NIS_1B, \quad M_2 = NIS_2B, \quad \cdots, \quad M_n = NIS_nB$$

所以,整个线圈受到的最大磁力矩

$$M = NIB(S_1 + S_2 + \cdots + S_n) = NISB$$

由此可见,一个确定的平面线圈在已知匀强磁场里所受的最大磁力矩只跟线圈的匝数、线圈面积、通入的电流强度及磁场有关,而与它的几何形状及同一平面内的转轴位置选择无关(图 5.74).

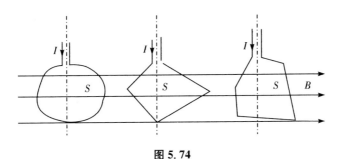

图 5.74

例题 5 图 5.75 所示为法拉第所设计的世界上第一台发电机. 把它简化后,就可以看成一个半径为 R 的金属转盘,在匀强磁场中以角速度 ω 旋转. 若磁感应强度为 B,且磁感线垂直于转盘平面,如图 5.76 所示. 求金属盘在旋转过程中产生的感应电动势的大小.

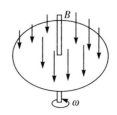

图 5.75　　　　　　　　　图 5.76

据说,法拉第在英国皇家学会上演示他的圆盘发电机时,当时的英国首相皮尔仔细观看后问法拉第它有何用?法拉第风趣地说:"我不知道,但是我敢担保你们政府终有一天要向它征税!"

分析与解答　一些同学常常感到困惑——法拉第设计的发电机是个客观事实,但是整个圆盘在磁场中,它旋转时穿过圆盘的磁通量不变,为什么金属盘中会产生感应电动势呢?同学们的困惑和这个问题的解答,在采用微元法后就可以"一箭双雕"地解决了.

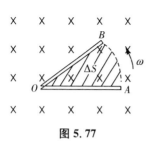

图 5.77

假设把整个盘面分割成长度等于半径 R 的许多金属条,OA 为其中的一条,它在 Δt 时间内从位置 OA 旋转到 OB,如图 5.77 所示. 由于 Δt 很小,金属条扫过的面积可以看成一个三角形,其面积为

$$\Delta S = \frac{1}{2} v \Delta t \cdot R = \frac{1}{2} \omega R^2 \Delta t$$

根据法拉第电磁感应定律,金属条中产生的感应电动势

$$E_i = \frac{\Delta \varphi}{\Delta t} = \frac{B \Delta S}{\Delta t} = \frac{1}{2} B \omega R^2$$

5　分割与积累思想在中学物理解题中的应用

整个圆盘可以看成由各根辐条所组成的一个并联电池组(图 5.78),根据相同电池并联的特性,并联电池组的电动势与每个电池的电动势相同,即

$$E = E_i = \frac{1}{2}B\omega R^2$$

其方向由边缘指向中心.因此,当从中心和边缘通过电刷对外电路供电时,电流从中心 O 流出.

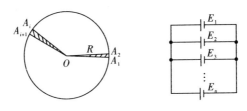

图 5.78

说明　由于圆盘旋转时,盘上各处的线速度与其离开中心的距离成正比,因此,每根金属条产生的感应电动势也可以采用平均切割速度计算,即

$$E_i = BR\bar{v} = BR \cdot \frac{\omega R + 0}{2} = \frac{1}{2}B\omega R^2$$

例题 6　如图 5.79 所示,一水平放置的光滑平行导轨上放一质量为 m 的金属杆,导轨间距为 l,导轨的一端连接一阻值为 R 的电阻,其他电阻不计,磁感应强度为 B 的匀强磁场垂直于导轨平面.现给金属杆一个水平向右的初速度 v_0,然后任其运动,导轨足够长,试求金属杆在导轨上向右移动的最大距离是多少.*

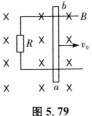

图 5.79

分析与解答　金属杆向右运动的过程中,切割磁感线产生感应

---

* 本题初稿由王洪泉老师等提供.

电流,同时使杆受到向左的安培力,因此金属杆向右做变减速运动. 设速度为 v 的某时刻,金属杆受到的安培力为

$$F = B\frac{Blv}{R}l = \frac{B^2l^2}{R}v \qquad ①$$

在极短时间 Δt 内,设安培力的冲量引起杆的速度变化为 Δv,以运动方向为正方向,由动量定理

$$-F\Delta t = m\Delta v \quad \Rightarrow \quad \Delta v = -\frac{B^2l^2}{mR}v\Delta t \qquad ②$$

金属杆从开始运动到停止,其速度的变化就是 Δv 的积累过程,移动的最大距离就是 $v\Delta t$ 的积累过程,因此由

$$\sum \Delta v = -\frac{B^2l^2}{mR}\sum v\Delta t$$

或

$$0 - v_0 = -\frac{B^2l^2}{mR}x \qquad ③$$

即得金属杆向右移动的最大距离为

$$x = \frac{mv_0 R}{B^2 l^2} \qquad ④$$

说明 本题是一个在变力作用下求位移的典型问题. 一些同学把金属杆从初速度 v_0 开始运动到停止的过程平均化,金属杆受到的平均安培力和平均加速度分别为

$$\bar{F} = \frac{1}{2}\left(B\frac{Blv_0}{R}l + 0\right) = \frac{B^2l^2v_0}{2R}, \quad \bar{a} = \frac{v_0}{t}$$

然后利用牛顿第二定律,由

$$\frac{B^2l^2v_0}{2R} = m\frac{v_0}{t} \quad \Rightarrow \quad t = \frac{2mR}{B^2l^2}$$

得最大距离

$$x = \bar{v}t = \frac{v_0}{2}\cdot\frac{2mR}{B^2l^2} = \frac{mv_0 R}{B^2l^2}$$

此外,还有同学更直接地利用平均安培力和动能定理求解:即由

$$\bar{F} = \frac{1}{2}\left(B\frac{Blv_0}{R}l + 0\right) = \frac{B^2l^2v_0}{2R}$$

和

$$-\bar{F}x = 0 - \frac{1}{2}mv_0^2$$

联立后直接可得到

$$x = \frac{mv_0R}{B^2l^2}$$

为什么这样的两种解法会有同样的结果呢?这是因为杆右移时它受到的安培力与速度成正比,而且其比例系数是个定值(见式①).理论上可以证明:当一个物体受到的阻力与其速度成正比时,其速度的变化量与其位移成正比,即 $\Delta v \propto x$(即式③的结果).因此,采用平均的方法也得出了同样的结果.只是在中学物理中,这样的解法往往不被承认.其理由是金属棒做非匀变速运动,采用简单的算术平均方法似乎缺乏依据,实际上也不失为一种解法的补充.

当然,在非匀变速运动中,平均的方法并非普遍的方法,取用一个微元、运用微积分思想才是最基本的方法.

练习题

(2012 华约自主招生试题)如图 5.80 所示,平行长直金属导轨水平放置,导轨间距为 l,一端接有阻值为 R 的电阻,整个导轨处于竖直向下的匀强磁场中,磁感应强度大小为 B. 一根质量为 m 的金属杆置于导轨上,与导轨垂直并接触良好.已知金属杆在导轨上开始运动时的初速度大小为 v_0,方向平行于导轨.忽略金属杆与导轨的电阻,不计摩擦.证明金属杆运动到总路程的 $\lambda(0 \leqslant \lambda \leqslant 1)$ 倍时,安培力的瞬时功率为 $P = \frac{(1-\lambda)^2 B^2 l^2 v_0^2}{R}$.

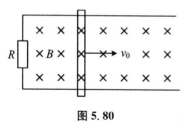

图 5.80

提示:仿照例题 4,根据极短时间 Δt 内安培力的冲量引起杆的动量变化 mv,找出 Δv 的表达式,再通过对 $v\Delta t$ 的积累,即可得右行的总路程 x_m,其 λ 倍为

$$x_\lambda = \frac{\lambda m R v_0}{B^2 l^2}$$

根据积累时的表达式,可知对应的瞬时速度为

$$v_\lambda = v_0 - \frac{B^2 l^2}{mR}x_\lambda = (1-\lambda)v_0$$

所以安培力的瞬时功率为

$$P = F v_\lambda = \frac{B^2 l^2 v_\lambda^2}{R} = \frac{(1-\lambda)^2 B^2 l^2 v_0^2}{R}$$

例题 7 在一根圆柱形永磁棒的磁极附近,套上一个窄的环形线圈,摆动线圈使它沿磁棒轴线 OO' 做简谐运动(图 5.81). 其振幅 $A = 1$ mm(远小于线圈和磁棒的尺度),频率 $f = 1\,000$ Hz,测得线圈里产生的感应电动势最大值 $E_m = 5$ V. 如果线圈不动,当在线圈里通以电流 $I = 200$ mA 时,磁场对线圈的作用力多大?

分析与解答 设磁棒在线圈内的磁感应强度为 B,在线圈上取一小段圆弧 Δl,并把它看成直线段. 当通以电流 I 时受到的磁场力(安培力)为

$$\Delta F_1 = I \Delta l B$$

当线圈有 N 匝时,其安培力为

$$\Delta F = N \Delta F_1 = N I \Delta l B$$

因此整个线圈受到的安培力为

$$F = \sum \Delta F = NIB \sum \Delta l = 2\pi R \cdot NIB$$

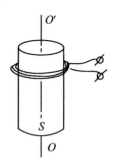

图 5.81

①

式中 R 为线圈圆半径,它与匝数 N、磁感应强度 B 均未知.

线圈沿磁棒轴线做简谐运动时,由于穿过线圈的磁通量不均匀变化,线圈中会产生感应电动势.根据法拉第电磁感应定律,

$$E = N\frac{\Delta\varphi}{\Delta t}$$

假设线圈沿着磁棒的轴向移动极小一段距离 Δx,则在这个过程中线圈扫过的面积 $\Delta S = 2\pi R \cdot \Delta x$,产生的磁通变化

$$\Delta\varphi = B \cdot 2\pi R \Delta x$$

则感应电动势为

$$E = N\frac{\Delta\varphi}{\Delta t} = NB \cdot 2\pi R \frac{\Delta x}{\Delta t} = NB \cdot 2\pi R v$$

式中 v 为线圈的振动速度.线圈做简谐运动时,速度的最大值为

$$v_{\mathrm{m}} = \omega A = 2\pi f A$$

因此对应的感应电动势的最大值为

$$E_{\mathrm{m}} = NB \cdot 2\pi R v_{\mathrm{m}} = NB \cdot 2\pi R \cdot 2\pi f A \qquad ②$$

联立式①、式②,即得线圈所受的安培力为

$$F = \frac{E_{\mathrm{m}} I}{2\pi f A}$$

代入题设数据,得

$$F = \frac{5 \times 200 \times 10^{-3}}{2\pi \times 1\,000 \times 1 \times 10^{-3}} \mathrm{N} = 0.16 \mathrm{~N}$$

说明 本题涉及安培力、电磁感应和简谐振动等多个知识点,并且在安培力和感应电动势的计算中,充分地体现了微元法——先选择元段或元过程考虑,再进行积累得到结果,请读者注意体会.

例题 8 如图 5.82 所示,很长的光滑磁棒竖直固定在水平面上,在它的侧面有均匀向外的辐射状的磁场.磁棒上套有一个质量均匀的

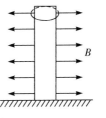

图 5.82

圆形线圈,其质量为 m,半径为 R,电阻为 r,线圈所在磁场处的磁感应强度为 B. 让线圈从磁棒上端由静止释放沿磁棒下落,经一段时间与水平面相碰并反弹,线圈反弹速度减小到零后又沿磁棒下落,这样,线圈会不断地与水平面相碰下去,直到停留在水平面上. 已知第一次碰后反弹上升的时间为 t_1,下落的时间为 t_2,重力加速度为 g,不计碰撞过程中能量损失和线圈中电流磁场的影响. 求:

(1) 线圈第一次下落过程中的最大速度 v_m;

(2) 第一次与水平面碰后上升到最高点的过程中通过线圈某一截面的电荷量 q;

(3) 线圈从第一次到第二次与水平面相碰的过程中产生的焦耳热 Q.

分析与解答 (1) 线圈下落过程中切割磁感线,线圈中产生感应电流,使线圈受到方向向上、大小变化的安培力作用. 当下落速度为 v 时,安培力为

$$f_A = BIl = B\frac{Blv}{r}l = \frac{B^2l^2v}{r}$$

式中 $l = 2\pi R$. 因此线圈的运动方程为

$$mg - BIl = ma \qquad ①$$

即

$$mg - \frac{B^2l^2v}{r} = ma$$

可见随着下落速度 v 的增大,线圈做加速度减小的变加速运动. 当 $a = 0$ 时,线圈的速度最大,得

$$v_m = \frac{mgr}{B^2l^2} = \frac{mgr}{4\pi^2R^2B^2} \qquad ②$$

这个速度也就是线圈到达水平面时的速度.

(2) 线圈与地面相碰过程中由于不考虑能量损失,碰后线圈以 v_m 为初速度向上反弹. 线圈向上运动过程中的任何时刻其安培力与

5 分割与积累思想在中学物理解题中的应用

重力同向,以向下为正方向时运动方程为

$$mg + BIl = ma' \qquad ③$$

这个过程中加速度的方向与运动方向相反.

为了计算通过线圈截面的电荷量,可以取运动过程中一段极短时间 Δt,有关系式

$$mg\Delta t + BIl\Delta t = ma'\Delta t$$

式中 $a'\Delta t = \Delta v$ 为 Δt 内的速度增量,$I\Delta t = \Delta q$ 就是 Δt 内通过线圈截面的电量,则

$$\Delta q = \frac{ma' - mg}{Bl}\Delta t = \frac{m}{Bl}\Delta v - \frac{mg}{Bl}\Delta t$$

线圈从与水平面相碰后上升到最高点的过程中,通过线圈截面的电量应该等于各个 Δt 内电量的总和,即

$$q = \sum \Delta q = \frac{m}{Bl}\sum \Delta v - \frac{mg}{Bl}\sum \Delta t$$

式中 $\sum \Delta v = 0 - (-v_m) = v_m$,$\sum \Delta t = t_1$,代入式 ② 和 $l = 2\pi R$ 的值后,得

$$q = \frac{m^2 gr}{8\pi^3 R^3 B^3} - \frac{mgt_1}{2\pi RB} \qquad ④$$

(3) 线圈从第一次到第二次与水平面相碰,经历一个上升 — 下降过程. 在上升过程中的运动方程与式 ③ 相同,即

$$mg + BIl = ma' \quad 或 \quad mg + \frac{B^2 l^2}{r}v = ma'$$

取运动过程中一段极短时间 Δt,则

$$mg\Delta t + \frac{B^2 l^2}{r}v\Delta t = ma'\Delta t$$

式中 $v\Delta t = \Delta h$ 为极短时间内上升的高度,$a'\Delta t = \Delta v$ 为 Δt 内的速度增量. 对 Δh 求和就是上升的高度,即

$$h = \sum \Delta h = \sum v\Delta t = \frac{mr}{B^2 l^2}\sum \Delta v - \frac{mgr}{B^2 l^2}\sum \Delta t$$

$$= \frac{mr}{B^2l^2}v_m - \frac{mgr}{B^2l^2}t_1 = \frac{m^2gr^2}{16\pi^4R^4B^4} - \frac{mgrt_1}{4\pi^2R^2B^2} \qquad ⑤$$

线圈到达最高点后下落过程中的运动方程与式①相同,即

$$mg - BIl = ma \quad \text{或} \quad mg - \frac{B^2l^2}{r}v = ma$$

同理有

$$mg\Delta t - \frac{B^2l^2}{r}\Delta h = m\Delta v$$

对元过程求和

$$\sum \Delta v = g\sum \Delta t - \frac{B^2l^2}{mr}\sum \Delta h$$

式中 $\sum \Delta v = v$ 就是第二次落地时的速度, $\sum \Delta t = t_2$, $\sum \Delta h = h$,代入式⑤的值后得

$$v = gt_2 - \frac{B^2l^2}{mr}h = gt_2 + gt_1 - \frac{mgr}{4\pi^2R^2B^2} \qquad ⑥$$

根据能的转化和守恒,这两次反弹时线圈损失的动能就等于线圈中产生的热量.代入式②和式⑥的值,化简后即得

$$Q = \frac{1}{2}mv_m^2 - \frac{1}{2}mv^2 = \frac{m^2g^2r}{4\pi^2R^2B^2}(t_1 + t_2) - \frac{1}{2}mg^2(t_1 + t_2)^2 \qquad ⑦$$

说明 本题第(2)和第(3)问的解题过程貌似复杂,其实仔细体会后思路是很清晰的:首先根据线圈的上、下运动找出运动方程,然后根据问题的要求选取合适的微元.如要求电荷量和速度,可通过 $\Delta q = I\Delta t$ 和 $\Delta v = a\Delta t$ 的积累,当涉及最大高度时,可通过 $\Delta h = v\Delta t$ 的积累等.这样,就可以顺利得解了.

例题9 如图5.83所示,六段相互平行的金属导轨在同一水平面内,长度分别为 L 和 $2L$,宽处的导轨间相距均为 $2L$、窄处的导轨间相距均为 L,最左端用导线连接阻值为 R 的电阻,各段导轨间均用导线连接,整个装置处于方向竖直向下、磁感应强度为 B 的匀强磁场

5 分割与积累思想在中学物理解题中的应用

中.质量为 m 的导体棒可在各段导轨上无摩擦地滑动,在滑动过程中保持与导轨垂直.导轨和导体棒电阻均忽略不计.现使导体棒从 ab 位置以初速度 v_0 垂直于导轨向右运动,则:

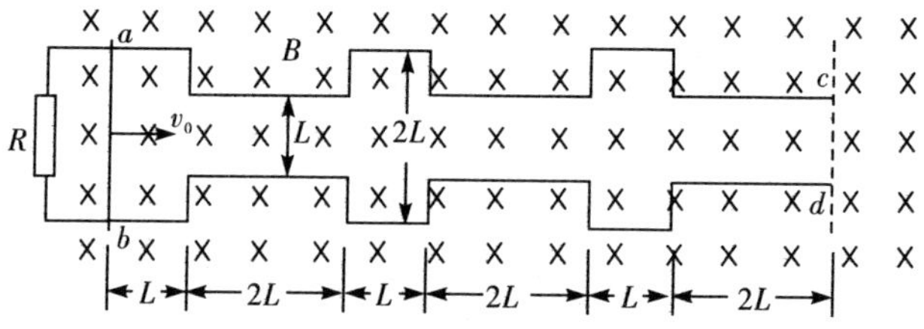

图 5.83

(1) 若导体棒在大小为 F、沿初速度方向的恒定拉力作用下运动,到达 cd 位置时的速度为 v,求在此运动的过程中电路产生的焦耳热;

(2) 若导体棒在水平拉力作用下向右做匀速运动,求导体棒运动到 cd 位置的过程中,水平拉力做的功和电路中电流的有效值;

(3) 若导体棒向右运动的过程中不受拉力作用,求运动到 cd 位置时的速度大小.

分析与解答 (1) 拉动导体棒切割磁感线会产生感应电流,使导体棒受到与运动方向相反的安培力.导体棒在运动过程中克服安培力做的功转化为电路的焦耳热.设电路产生的焦耳热为 Q,拉动导体棒过程中根据功能关系有

$$9FL = Q + \frac{1}{2}mv^2 - \frac{1}{2}mv_0^2$$

得

$$Q = 9FL + \frac{1}{2}mv_0^2 - \frac{1}{2}mv^2$$

(2) 导体棒在宽间距和窄间距轨道上以速度 v_0 做匀速运动时,电路中产生的感应电流分别为

$$I_1 = \frac{2BLv_0}{R}, \quad I_2 = \frac{BLv_0}{R}$$

导体棒受到的拉力和需要做的功分别为

$$F_1 = F_{安} = 2I_1LB, \quad W_1 = 3F_1L$$

$$F_2 = F'_{安} = I_2Lb, \quad W_2 = 6F_2L$$

水平拉力共需做功为

$$W = W_1 + W_2 = \frac{18B^2L^3v_0}{R}$$

因为导体棒在匀速运动过程中,拉力所做的功全部用于克服安培力需要的功,最后全部转化为焦耳热.设电流的有效值为 I,由功能关系知

$$W = I^2Rt, \quad 其中 \quad t = \frac{9L}{v_0}$$

于是得感应电流的有效值

$$I = \frac{\sqrt{2}BLv_0}{R}$$

(3) 当导体棒不受拉力时,向右运动过程中在变化的安培力作用下将做变速运动.可以先考虑导体棒通过第一个宽间距和窄间距轨道的情况.

导体棒在宽间距轨道受到安培力的大小为

$$f_1 = B\frac{Bl_1v}{R}l_1 = \frac{B^2l_1^2}{R}v \quad (l_1 = 2L)$$

设在极短时间 Δt 内引起的速度变化为 Δv,以运动方向为正方向,由动量定理(或牛顿第二定律)知

$$-f_1\Delta t = m\Delta v$$

或

$$\Delta v = -\frac{B^2l_1^2}{mR}v\Delta t$$

设经过第一个宽间距轨道引起的速度变化量为 Δv_1(即 $\Delta v_1 = v_{1末} - v_0$),也就是说

5 分割与积累思想在中学物理解题中的应用

$$\Delta v_1 = \sum \Delta v = -\frac{B^2 l_1^2}{mR} \sum v \Delta t = -\frac{B^2 l_1^2}{mR} L = -\frac{4B^2 L^3}{mR}$$

这里的负号表示速度在减小.

导体棒在窄间距轨道受到安培力的大小为

$$f_2 = B \frac{Bl_2 v}{R} l_2 = \frac{B^2 l_2^2}{R} v \quad (l_2 = L)$$

设经过第一个窄间距轨道引起的速度变化量为 Δv_2(即 $\Delta v_2 = v_{2\text{末}} - v_{1\text{末}}$),同理可知

$$\Delta v_2 = -\frac{B^2 l_2^2}{mR} \cdot 2L = -\frac{2B^2 L^3}{mR}$$

由此可见,导体棒虽然在变化的安培力作用下做变速运动,但每经过一个宽间距和一个窄间距轨道所引起的速度变化量(即速度的减少量)都是恒定的. 所以,导体棒到达位置 cd 时的速度为

$$v_{cd} = v_0 + 3(\Delta v_1 + \Delta v_2) = v_0 - \frac{18B^2 L^3}{mR}$$

说明 由于本题中的轨道间距宽度不同,第(3)问的难度较大. 不仅要运用微积分思想,而且还需要对不同宽度的轨道分别处理. 不过,方法的实质相同——根据变化的安培力,取一个极短时间 Δt,运用动量定理找出相应的速度变化量,然后进行积累(求和).

例题 10 如图 5.84 所示,两根足够长的平行金属导轨由倾斜和水平两部分平滑连接组成,导轨间距 $L = 1$ m,倾角 $\theta = 45°$,水平部分处于磁感应强度 $B = 1$ T 的匀强磁场中,磁场方向竖直向上,磁场左边界 MN 与导轨垂直. 金属棒 ab 质量 $m_1 = 0.2$ kg,电阻 $R_1 = 1$ Ω,金属棒 cd 质量 $m_2 = 0.2$ kg,电阻 $R_2 = 3$ Ω,导轨电阻不计,两棒与导轨间动摩擦因数 $\mu = 0.2$. 开始时,棒 ab 放在斜导轨上,与水平导轨高度差 $h = 1$ m,棒 cd 放在水平导轨上,距 MN 距离为 s_0. 两棒均与导轨垂直,现将 ab 棒由静止释放,取 $g = 10$ m/s². 求:

(1) 棒 ab 运动到 MN 处的速度大小;

(2) 棒 cd 运动的最大加速度;

(3) 若导轨水平部分光滑,要使两棒不相碰,棒 cd 离开 MN 的最小距离 s_0.*

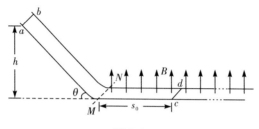

图 5.84

分析与解答 (1) 设 ab 棒滑到 MN 处的速度大小为 v_0,由动能定理

$$m_1gh - \mu m_1 g \cos\theta \cdot \frac{h}{\sin\theta} = \frac{1}{2}m_1 v_0^2$$

得

$$v_0 = \sqrt{2gh - 2\mu gh \cot\theta} = \sqrt{2\times 10 \times 1 - 2\times 0.2\times 10 \times 1 \times 1}\ \text{m/s}$$
$$= 4\ \text{m/s}$$

(2) 棒 ab 运动到 MN 处进入磁场区域,切割磁感线产生感应电流,使 cd 受到向右的安培力,ab 棒受到向左的安培力,从而使 ab 减速,感应电动势和感应电流减小.因此,ab 棒到达 MN 时,电路中的感应电流最大,cd 棒受到的安培力最大,加速度也最大,则

$$I_m = \frac{E_m}{R_1+R_2} = \frac{BLv_0}{R_1+R_2} \quad \Rightarrow \quad F_m = BI_m L = \frac{B^2L^2 v_0}{R_1+R_2}$$

根据牛顿第二定律

$$F_m - \mu m_2 g = m_2 a$$

得最大加速度

---

* 本题取自 2010 年江苏省南京市高考模拟试题,初稿由王洪泉老师等提供.

$$a = \frac{B^2 L^2 v_0}{m_2(R_1+R_2)} - \mu g$$

$$= \frac{1^2 \times 1^2 \times 4}{0.2 \times (1+3)} \text{ m/s}^2 - 0.2 \times 10 \text{ m/s}^2$$

$$= 3 \text{ m/s}^2$$

(3) 要求两棒不相碰,它们的最终速度应该相等,设为 v_m.
对 ab 棒有

$$\Delta v_1 = v_m - v_0 = \sum a_1 \Delta t = \sum \frac{F_1}{m_1} \cdot \Delta t$$

对 cd 棒有

$$\Delta v_2 = v_m - 0 = \sum a_2 \Delta t = \sum \frac{F_2}{m_2} \cdot \Delta t$$

由于两棒通过磁场发生相互作用,任一时刻有 $F_1 = -F_2$,且 $m_1 = m_2$,则

$$v_m - v_0 = -(v_m - 0) \quad \Rightarrow \quad v_m = \frac{1}{2} v_0$$

设某时刻 ab 的速度为 v_1,cd 的速度为 v_2,电路中因磁通变化产生的感应电动势和感应电流分别为

$$E = \frac{\Delta \varphi}{\Delta t} = BL(v_1 - v_2), \quad I = \frac{E}{R_1 + R_2}$$

在极小的 Δt 内,设 ab 速度变化为 Δv,由安培力公式和牛顿运动定律有

$$F_1 = BIL = \frac{B^2 L^2 (v_1 - v_2)}{R_1 + R_2} = m_1 \frac{\Delta v}{\Delta t}$$

得

$$v_1 - v_2 = \frac{(R_1 + R_2) m_1}{B^2 L^2} \cdot \frac{\Delta v}{\Delta t}$$

两棒在水平导轨运动的相对位移,即为两棒不相碰的最小距离. 由于两棒的加速度大小始终相同,最终速度也相同,因此这个最小距

离也就是 cd 离开 MN 的距离. 故有

$$s_0 = \sum(v_1 - v_2)\Delta t = \frac{(R_1+R_2)m_1}{B^2L^2}\sum \Delta v$$

$$= \frac{(R_1+R_2)m_1}{B^2L^2} \cdot \left(v_0 - \frac{1}{2}v_0\right)$$

$$= \frac{(1+3)\times 0.2}{1^2 \times 1^2} \times \left(4 - \frac{1}{2}\times 4\right) \text{ m} = 1.6 \text{ m}$$

说明 ab 棒进入磁场后,两棒通过磁场发生相互作用. 当把两棒作为一个系统时,相互作用力为内力,系统的动量守恒. 由

$$mv_0 = 2mv_m \quad \Rightarrow \quad v_m = \frac{1}{2}v_0$$

这样可以更简洁些.

例题 11 如图 5.85 所示,顶角 $\theta = 45°$ 的金属导轨 MOx 固定在水平面内,导轨处于方向竖直、磁感应强度为 B 的匀强磁场中. 一根与 Ox 垂直的导体棒在水平外力作用下以恒定速度 v_0 沿导轨 MOx 向右滑动,导体棒的质量为 m,导轨与导体棒单位长度的电阻均为 r. 导体棒在滑动过程中始终保持与导轨良好接触. $t=0$ 时,导体棒位于角顶 O 处. 若在 t_0 时刻撤去外力 F,试求导体棒最终在导轨上静止时的坐标 x.

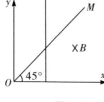

图 5.85

分析与解答 撤力后,导体棒向右滑动切割磁感线产生感应电流,使导体棒受到方向向左的安培力作用,因此导体棒将做变减速运动.

设运动过程中某时刻导体棒的速度为 v,切割磁感线的有效长度为 l,对应的安培力为

$$F_A = BIl = B\frac{Blv}{R}l = \frac{B^2l^2v}{R}$$

由于顶角 $\theta = 45°$,电阻 $R = (2l + \sqrt{2}l)r = (2+\sqrt{2})lr$,则安培力为

$$F_A = \frac{B^2 l v}{(2+\sqrt{2})r}$$

从该时刻起取一个极短的时间 Δt,在这段时间内的运动方程（以向左为正方向）为

$$\frac{B^2}{(2+\sqrt{2})r}lv = m\frac{\Delta v}{\Delta t} \quad \text{或} \quad \frac{B^2}{(2+\sqrt{2})r}lv\Delta t = m\Delta v$$

式中 $lv\Delta t = l\Delta x = \Delta S$,表示在极短时间 Δt 内导体棒扫过的面积（图 5.86）,即

$$\frac{B^2}{(2+\sqrt{2})r}\Delta S = m\Delta v$$

对上式求和,即

$$\sum \frac{B^2}{(2+\sqrt{2})r}\Delta S = \sum m\Delta v \quad \text{或} \quad \frac{B^2}{(2+\sqrt{2})r}\sum \Delta S = m\sum \Delta v$$

显然,$\sum \Delta v = 0 - (-v_0) = v_0$,就是这个过程中速度的增量；$\sum \Delta S$ 就是从撤力到静止导体棒所扫过的面积,对应图 5.87 中的梯形面积.如果撤力时导体棒所在位置的坐标为 x_0($x_0 = v_0 t_0$),最后静止时的坐标为 x,则

$$\sum \Delta S = \frac{(x+x_0)(x-x_0)}{2} = \frac{x^2 - x_0^2}{2}$$

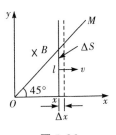

图 5.86

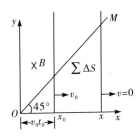

图 5.87

因此
$$\frac{B^2}{(2+\sqrt{2})r} \cdot \frac{x^2 - x_0^2}{2} = mv_0$$

得
$$x = \sqrt{\frac{2(2+\sqrt{2})mv_0 r}{B^2} + x_0^2} = \sqrt{\frac{2(2+\sqrt{2})mv_0 r}{B^2} + v_0^2 t_0^2}$$

说明 本题取自 2004 年江苏高考物理试题的一部分,题中要求位置坐标(相当于位移),但却要通过对面积积累后的计算才能得出,这是一个难点,也是本题的特色. 这也说明使用微元法时,对微元的选择绝非一成不变的,必须根据问题的要求灵活选用.

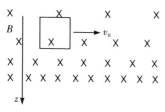

图 5.88

例题 12 如图 5.88 所示,竖直平面内有一边长为 l、质量为 m、电阻为 R 的正方形线框,在竖直向下的匀强重力场和水平方向的磁场组成的复合场以初速度 v_0 水平抛出. 磁场方向与线框平面垂直,磁感应强度随竖直向下的 z 轴按 $B = B_0 + kz$ 的规律均匀增大. 已知重力加速度为 g. 求:

(1) 线框竖直方向速度为 v_1 时,线框中瞬时电流的大小;

(2) 线框在复合场中运动的最大电功率;

(3) 若线框从开始抛出到瞬时速度大小达到 v_2 所经历的时间为 t,那么线框在时间 t 内的总位移大小为多少? *

分析与解答 (1) 线框抛出后,由于穿过线框的磁通量变化产生感应电动势和感应电流. 当竖直方向的速度为 v_1 时,其值分别为

---

* 本题取自 2010 年江苏省南京市高考模拟试题,初稿由王洪泉老师等提供.

5 分割与积累思想在中学物理解题中的应用

$$e = \frac{\Delta\varphi}{\Delta t} = \frac{S\Delta B}{\Delta t} = l^2 \cdot k\frac{\Delta z}{\Delta t} = kl^2 v_1$$

$$i = \frac{e}{R} = \frac{kl^2 v_1}{R}$$

（2）线框中的电流受到安培力作用，会阻碍线框的下落. 设线框的下边和上边所在位置的磁感应强度分别为 B_2 和 B_1，其运动方程为

$$mg - (B_2 - B_1)\frac{kl^2 v}{R}l = ma$$

随着下落速度的增大，加速度减小，当加速度 $a = 0$ 时，线框的速度达到最大值. 其值为

$$v_{\max} = \frac{mgR}{(B_2 - B_1)kl^3}$$

式中

$$B_2 - B_1 = (B_0 + kz_2) - (B_0 + kz_1) = k(z_2 - z_1) = kl$$

所以

$$v_{\max} = \frac{mgR}{k^2 l^4}$$

根据能的转化和守恒，线框运动中的最大电功率等于此时重力的瞬时功率，即

$$P_{\max} = mgv_{\max} = \frac{m^2 g^2 R}{k^2 l^4}$$

（3）设线框抛出后经时间 Δt 引起的速度变化为 Δv，线框上下两边位置所对应的磁感应强度分别为 B_2 与 B_1，根据牛顿第二定律有

$$mg - (B_2 - B_1)\frac{kl^2 v}{R}l = m\frac{\Delta v}{\Delta t}$$

或

$$mg\Delta t - \frac{k^2 l^4}{R}v\Delta t = m\Delta v$$

积累后为

$$mg\sum \Delta t - \frac{k^2 l^4}{R}\sum v\Delta t = m\sum \Delta v$$

图 5.89

根据题设条件知,式中 $\sum \Delta t = t$,$\sum v\Delta t = \sum \Delta z$,$\sum \Delta v = \sqrt{v_2^2 - v_0^2}$(图 5.89),此时竖直方向的位移为

$$\Delta z = \frac{(mgt - m\sqrt{v_2^2 - v_0^2})R}{k^2 l^4}$$

所以线框在时间 t 内的总位移大小为

$$s = \sqrt{\Delta z^2 + (v_0 t)^2} = \sqrt{\frac{(mgt - m\sqrt{v_2^2 - v_0^2})^2 R^2}{k^4 l^8} + v_0^2 t^2}$$

说明 线框抛出后做平抛运动,运动过程中上下两边切割磁感线的速度相同,但所处磁场的磁感应强度不同.因此,计算感应电动势宜采用公式 $e = \dfrac{\Delta \varphi}{\Delta t}$.本题实际上从计算感应电动势起,就一直体现着"求导数"的思想了,第(3)问则全面体现了分割与积累(微积分)的思想方法.

例题 13 如图 5.90 所示,两根足够长的固定的平行金属导轨位于竖直平面内,两导轨间的距离为 d,导轨上面横放着两根导体棒 L_1 和 L_2,与导轨构成回路,两根导体棒的质量都为 m,电阻都为 R,回路中其余部分的电阻可不计.在整个导轨平面内都有与导轨所在面垂直的匀强磁场,磁感应强度为 B.两导体棒均可沿导轨无摩擦地滑行,保持 L_1 向上做速度为 v 的匀速运动,在 $t = 0$ 时刻将靠近 L_1 处的 L_2 由静止释放(刚释放时两棒的距离可忽略),经过一段时间后 L_2 也做匀速运动.已知 $d = 0.5$ m,$m = 0.5$ kg,$R = 0.1$ Ω,$B = 1$ T,g 取 10 m/s^2.

(1) 为使导体棒 L_2 向下运动,L_1 的速度 v 最大不能超过多少?

(2) 若 L_1 的速度 $v = 3$ m/s,在图 5.91 的坐标中画出 L_2 的加速

度 a_2 与速率 v_2 关系的图像.

(3) 若 L_1 的速度 $v=3$ m/s,在 L_2 做匀速运动的某时刻,两棒的间距为 4 m,求在此时刻前 L_2 运动的距离.*

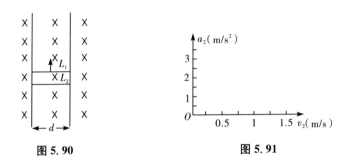

图 5.90　　　　　　图 5.91

分析与解答　(1) L_2 刚释放时,由于 L_1 向上运动切割磁感线产生感应电动势和感应电流分别为

$$E_1 = Bdv, \quad I_1 = \frac{E_1}{2R} = \frac{Bdv}{2R}$$

从而使导体棒 L_2 受到向上的安培力 $F_A = BI_1d$. 要求 L_2 向下运动,必须满足条件

$$mg > F_A = \frac{B^2 d^2 v}{2R}$$

则

$$v < \frac{2mgR}{B^2 d^2} = \frac{2 \times 0.5 \times 10 \times 0.1}{1^2 \times 0.5^2} \text{ m/s} = 4 \text{ m/s}$$

(2) 设 L_2 的速度为 v_2,回路中电动势和电流分别为

$$E_2 = Bd(v + v_2), \quad I_2 = \frac{E_2}{2R} = \frac{Bd(v + v_2)}{2R}$$

根据牛顿第二定律得 L_2 的运动方程为

$$mg - BI_2 d = ma$$

---

* 本题取自 2009 年江苏省盐城市高考模拟试题,初稿由王洪泉老师等提供.

得

$$a = g - \frac{BI_2 d}{m} = g - \frac{B^2 d^2}{2mR}(v + v_2)$$

$$= 10 - \frac{1^2 \times 0.5^2}{2 \times 0.5 \times 0.1}(3 + v_2) = 2.5 - 2.5 v_2$$

所以 a^2-v_2 的图像如图 5.92 所示.

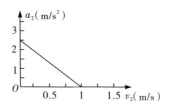

图 5.92

(3) 设 L_2 做匀速运动,某时刻速度为 v_2',此时电路中的感应电动势和感应电流分别为

$$E_3 = Bd(v + v_2'), \quad I_3 = \frac{E_3}{2R} = \frac{Bd(v + v_2')}{2R}$$

由平衡条件

$$mg = BI_3 d \quad 即 \quad mg = \frac{B^2 d^2 (v + v_2')}{2R}$$

得

$$v + v_2' = \frac{2mgR}{B^2 d^2} = \frac{2 \times 0.5 \times 10 \times 0.1}{1^2 \times 0.5^2} \text{ m/s} = 4 \text{ m/s}$$

令 $u = v + v_2'$ 表示两棒的相对速度,由导体棒 L_2 的运动方程可得加速度,即

$$mg - \frac{B^2 d^2}{2R} u = ma \quad \Rightarrow \quad a = g - \frac{B^2 d^2}{2mR} u$$

设经极短时间 Δt 导体棒 L_2 的速度变化为 $\Delta v_2'$,即

$$\Delta v_2' = a \Delta t = g \Delta t - \frac{B^2 d^2}{2mR} u \Delta t$$

5 分割与积累思想在中学物理解题中的应用

对它求和

$$\sum \Delta v_2' = g\sum \Delta t - \frac{B^2 d^2}{2mR}\sum u\Delta t$$

式中 $\sum \Delta v_2' = v_2' = u - v$,$\sum u\Delta t = x_{1-2}$(即两导体棒的间距,它由两者相对运动形成),于是得

$$v_2' = gt - \frac{B^2 d^2}{2mR} x_{1-2}$$

代入数据后得运动时间

$$t = 1.1 \text{ s}$$

在这时间内导体棒 L_1 发生的位移为

$$x_1 = vt = 3 \times 1.1 \text{ m} = 3.3 \text{ m}$$

所以导体棒 L_2 的位移为

$$x_2 = x_{1-2} - x_1 = 0.7 \text{ m}$$

说明 本题需注意两棒的相对运动,电路中的电动势和电流都是两者共同的贡献.对于题中(3)这样的问题,通常先列出运动方程或找出加速度的表达式,然后选取一段极短时间,再结合问题要求通过对速度或位移的积累即可求解.下面的问题是在本题基础上稍作变化,请自行练习.

练习题

如图 5.93 所示,两根足够长的光滑固定平行金属导轨与水平面成 θ 角,导轨间距为 d,两导体棒 a 和 b 与导轨垂直放置,两根导体棒的质量都为 m、电阻都为 R,回路中其余电阻不计.整个装置处于垂直于导轨平面向上的匀强磁场中,磁感应强度的大小为 B.在 $t=0$ 时刻使 a 沿导轨向上做速度为 v 的匀速运动,同时将 b 由静止释放,b 经过一段时间后也做匀速

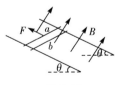

图 5.93

运动.已知 $d=1$ m,$m=0.5$ kg,$R=0.5$ Ω,$B=0.5$ T,$\theta=30°$,g 取 10 m/s²,不计两导体棒间的相互作用力.

(1) 为使导体棒 b 能沿导轨向下运动,a 的速度 v 不能超过多大?

(2) 若 a 在平行于导轨向上的力 F 作用下,以 $v_1=2$ m/s 的速度沿导轨向上运动,试导出 F 与 b 的速率 v_2 的函数关系式并求出 v_2 的最大值.

(3) 在(2)中,当 $t=2$ s 时,b 的速度达到 5.06 m/s,2 s 内回路中产生的焦耳热为 13.2 J,求该 2 s 内力 F 做的功(结果保留三位有效数字).

参考答案:(1) $v<10$ m/s;(2) $F=3+\dfrac{1}{4}v_2$,$v_m=8$ m/s;(3) 14.9 J.

提示:(3) 导体棒 b 的运动方程

$$mg\sin\theta-\frac{B^2d^2(v_1+v_2)}{2R}=ma=m\frac{\Delta v_2}{\Delta t}$$

即

$$\left(mg\sin\theta-\frac{B^2d^2}{2R}v_1\right)\Delta t-\frac{B^2d^2}{2R}v_2\Delta t=m\Delta v_2$$

求和

$$\left(mg\sin\theta-\frac{B^2d^2}{2R}v_1\right)\sum\Delta t-\frac{B^2d^2}{2R}\sum v_2\Delta t=m\sum\Delta v_2$$

式中

$$\sum\Delta t=t=2\text{ s},\quad \sum v_2\Delta t=\sum\Delta x_2=x_2,$$
$$\sum\Delta v_2=v_2=5.06\text{ m/s}$$

代入各物理量数据后得 b 和 a 的位移分别为

$$x_2=8t-2v_2=5.88\text{ m},\quad x_1=v_1t=4\text{ m}$$

所以

$$W_F = \frac{1}{2}mv_2^2 + mgx_1\sin\theta - mgx_2\sin\theta + Q = 14.9 \text{ J}$$

5.3 高考中微元法应用赏析

近年来,在高考物理试题中,微积分思想经常有所体现.归纳起来,同样可以分为这样两类:一类应用是需要从变化的物理量或变化的过程中取一个微元,通过对这个微元的研究直接得出有关的结论;另一类应用除了选择微元外,还要求对微元所涉及的物理量(或过程)进行积累,然后才能得出结论.后一类应用更典型地体现了微积分的思想方法,其难度也显得更大些.下面,选择若干高考试题,希望能够从比较具体的分析、解答中,加深对微积分思想的理解,初步掌握应用微积分思想分析、研究物理问题的方法.

例题1(2007 天津理综) 离子推进器是新一代航天动力装置,可用于卫星姿态控制和轨道修正.推进剂从图5.94中P处注入,在A处电离出正离子,BC之间加有恒定电压,正离子进入B时的速度忽略不计,经加速后形成电流为I的离子束后喷出.已知推进器获得的推力为F,单位时间内喷出的离子质量为J.为研究问题方便,假定离子推进器在太空中飞行时不受其他外力,忽略推进器运动速度.

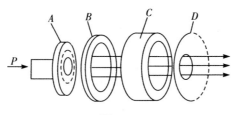

图 5.94

(1) 求加在 BC 间的电压 U;

(2) 为使离子推进器正常工作,必须在出口 D 处向正离子注入电子,试解释其原因.

分析与解答 (1) 设每个正离子的质量为 m,电荷量为 q,BC 间的电压为 U.不计离子初速度时,根据动能定理有

$$qU = \frac{1}{2}mv^2 \qquad ①$$

设形成的离子束截面积为 S,单位体积内的离子数为 n,则由电流的微观表达式知

$$I = nqSv \qquad ②$$

又由题意可知

$$J = nmSv \qquad ③$$

对于连续喷射的粒子流,可以取一个极短时间间隔 Δt,设离子推进器在 Δt 时间内喷出的正离子质量为 ΔM,推进器对它的作用力为 F,根据动量定理

$$F\Delta t = \Delta Mv \qquad ④$$

而

$$J = \frac{\Delta M}{\Delta t} \qquad ⑤$$

由式②、式③相比得离子的比荷 $\dfrac{q}{m} = \dfrac{I}{J}$,把它代入式①,并联立式④、式⑤,即得电压

$$U = \frac{F^2}{2JI}$$

(2) 因为推进器持续喷出正离子束时,会使带有负电荷的电子留在其中.由于库仑力作用将严重阻碍正离子的继续喷出.当电子积累到足够多时,甚至会将喷出的正离子再吸引回来,导致推进器无法正常工作.因此,必须在出口 D 处发射电子注入正离子束中,以中和

正离子,使推进器获得持续推力.

说明 对于连续的粒子流(空气流、水流、电荷流等),都可以建立一个柱体模型,从而确定宏观量与微观量的关系,如 $I=neSv$. 请读者结合 5.2 微元法的应用(2)中例题 3 阅读,可以对离子推进器有进一步的认识.

例题 2(2008 天津理综) 磁悬浮列车是一种高速低耗的新型交通工具. 它的驱动系统简化为如下模型:固定在列车下端的动力绕组可视为一个矩形纯电阻金属框,电阻为 R,金属框置于 xOy 平面内,边长 MN 长为 l,平行于 y 轴,宽为 d 的 NP 边平行于 x 轴,如图 5.95 所示. 列车轨道沿 Ox 方向,轨道区域内存在垂直于金属框平面的磁场,磁感应强度 B 沿 Ox 方向按正弦规律分布,其空间周期为 λ,最大值为 B_0,如图 5.96 所示. 金属框同一长边上各处的磁感应强度相同,整个磁场以速度 v_0 沿 Ox 方向匀速平移. 设在短暂时间内,MN、PQ 边所在位置的磁感应强度随时间的变化可以忽略,并忽略一切阻力. 列车在驱动系统作用下沿 Ox 方向加速行驶,某时刻速度为 $v(v<v_0)$.

(1) 简要叙述列车运行中获得动力的原理;

(2) 为使列车获得最大驱动力,写出 MN、PQ 边应处于磁场中的什么位置及 λ 和 d 之间应满足的关系式;

(3) 计算在满足第(2)问的条件下列车速度为 v 时驱动力的大小.

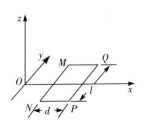

图 5.95

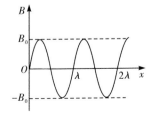

图 5.96

分析与解答 (1) 列车速度与磁场平移速度的不同,使得穿过金属框的磁通量发生变化,金属框中会产生感应电动势,于是在金属框中会产生感应电流.这个电流受到的磁场力(安培力)就作为列车的驱动力.

(2) 为了使列车获得最大的驱动力,应该使 MN、PQ 两边正好处于磁场中磁感应强度同为最大值且反向的地方,切割磁感线得到的感应电动势最大且方向一致(或者说,金属框所围面积内的磁通量变化率最大).因此,金属框的宽度 d 应该为 $\frac{\lambda}{2}$ 的整数倍,即

$$d = (2k+1)\frac{\lambda}{2} \quad 或 \quad \lambda = \frac{2d}{2k+1} \quad (k=0,1,2,\cdots)$$

(3) 满足第(2)问条件时,MN、PQ 所处的磁感应强度为 B_0.然后,取一个极短的时间间隔 Δt,题设此时 MN、PQ 所在位置的磁感应强度随时间的变化可以忽略,因此每边扫过磁场的面积均为

$$\Delta S = l(v_0 - v)\Delta t$$

由于 MN、PQ 所处磁场的方向相反,穿过金属框磁通的变化和感应电动势分别为

$$\Delta \varphi = 2B_0 \Delta S = 2B_0 l(v_0 - v)\Delta t$$

$$E = \frac{\Delta \varphi}{\Delta t} = 2B_0 l(v_0 - v)$$

所以驱动力的大小为

$$F = 2B_0 Il = 2B_0 \cdot \frac{2B_0(v_0 - v)l}{R} \cdot l = \frac{4B_0^2 l^2 (v_0 - v)}{R}$$

说明 上述第(3)问是采用微元法根据磁通的变化进行计算的.考虑相对运动时,两边的切割磁感线的速度为 $v' = v_0 - v$.由于 MN、PQ 相当于两个顺向串联的电源,因此金属框内总的感应电动势和感应电流分别为

$$E = 2B_0 l(v_0 - v), \quad I = \frac{E}{R} = \frac{2B_0 l(v_0 - v)}{R}$$

5 分割与积累思想在中学物理解题中的应用

同样可得列车受到的驱动力为

$$F = 2B_0 Il = \frac{4B_0^2 l^2 (v_0 - v)}{R}$$

例题 3(2013 新课标 I) 如图 5.97 所示,两条平行导轨所在平面与水平地面的夹角为 θ,间距为 L.导轨上端接有一平行板电容器,电容为 C,导轨处于匀强磁场中,磁感应强度大小为 B,方向垂直导轨平面.在导轨上放置质量为 m 的金属棒,棒可沿导轨下滑,且在下滑过程中保持与导轨垂直并良好接触.已知金属棒与导轨之间的动摩

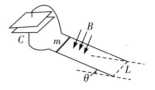

图 5.97

擦因数为 μ,重力加速度大小为 g,忽略所有电阻,让金属棒从导轨上端由静止开始下滑.求:

(1) 电容器极板上积累的电荷量与金属棒速度大小的关系;

(2) 金属棒的速度大小随时间变化的关系.

分析与解答 (1) 金属棒下滑切割磁感线,棒中产生从左向右的感应电动势,对平行板电容器充电,使电容器的上板带正电、下板带负电.设金属棒下滑速度大小为 v,则电容器两板间的电压为

$$U = E = BLv$$

板上积累的电荷量为

$$Q = CU = CBLv \qquad ①$$

即电容器极板上的电荷量与金属棒的运动速度成正比.

(2) 金属棒下滑过程中受到三个力的作用:重力、摩擦力 f_μ 和安培力 f_A,其运动方程为

$$mg\sin\theta - f_\mu - f_A = ma \qquad ②$$

式中

$$f_\mu = \mu N = \mu mg\cos\theta, \quad f_A = BLi \qquad ③$$

电流 i 是个瞬时量,随电容器充电量不断变化.取一段极短时间

Δt,根据电流的定义有

$$i = \frac{\Delta Q}{\Delta t} = CBL\frac{\Delta v}{\Delta t} = CBLa \qquad ④$$

代入式③与式②联立后,得加速度

$$a = \frac{m(\sin\theta - \mu\cos\theta)}{m + B^2L^2C}g \qquad ⑤$$

这是一个常量,说明金属棒从静止起的下滑过程中做初速为零的匀加速运动.所以在时刻 t 的瞬时速度为

$$v = at = \frac{m(\sin\theta - \mu\cos\theta)}{m + B^2L^2C}gt \qquad ⑥$$

说明 题中金属棒的下滑加速度是个恒量可能出乎意料,但却是客观事实.求解的一个要点是需要选取极短时间 Δt,建立 $\Delta Q \to \Delta v \to a$ 的关系.

例题4(2014 新课标Ⅱ) 半径分别为 r 和 $2r$ 的同心圆形导轨固定在同一水平面内,一长为 r、质量为 m 且质量分布均匀的直导体棒 AB 置于圆导轨上面,BA 的延长线通过圆导轨

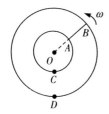

图 5.98

中心 O,装置的俯视图如图 5.98所示.整个装置位于一匀强磁场中,磁感应强度的大小为 B,方向竖直向下.在内圆导轨的 C 点和外圆导轨的 D 点之间接有一阻值为 R 的电阻(图中未画出).直导体棒在水平外力作用下以角速度 ω 绕 O 逆时针匀速转动,在转动过程中始终与导轨保持良好接触.设导体棒与导轨之间的动摩擦因数为 μ,导体棒和导轨的电阻均可忽略.重力加速度大小为 g.求:

(1) 通过电阻 R 的感应电流的方向和大小;

(2) 外力的功率.

分析与解答 (1) 导体棒逆时针方向转动时,切割磁感线产生感应电动势,其方向从 B 指向 A,因此由它作为电源对电阻 R 供电

时,通过电阻的感应电流方向从 C 流向 D.

导体棒转动时,棒上各处的线速度与离开中心 O 的距离成正比,因此其平均切割速度为

$$\bar{v} = \frac{v_A + v_B}{2} = \frac{\omega r + \omega \cdot 2r}{2} = \frac{3}{2}\omega r$$

于是得感应电动势和感应电流分别为

$$E = B(2r - r)\bar{v} = \frac{3B\omega r^2}{2}$$

$$I = \frac{E}{R} = \frac{3B\omega r^2}{2R}$$

可见导体棒转动时所产生的电动势和感应电流的大小都恒定不变.

(2) 根据功能关系,外力转动导体棒时所做的功为

$$W = W_{fA} + W_{fB} + W_R$$

式中 W_{fA} 和 W_{fB} 分别为克服 A、B 两端摩擦力所做的功,W_R 就是电路中产生的电能,最后转化为电阻 R 上的焦耳热.

由于导体棒的质量均匀分布,转动时可以认为 A、B 两端的压力均为 $\frac{1}{2}mg$,A、B 两端的摩擦力大小相同,即 $f_A = f_B = \frac{1}{2}\mu mg$. 在极短时间 Δt 内,A、B 两端转过的弧长分别为

$$s_A = v_A \Delta t = \omega r \Delta t, \quad s_B = v_B \Delta t = 2\omega r \Delta t$$

在这两小段弧上,可以认为外力的方向与位移方向一致,因此外力克服摩擦力所做的元功的大小分别为

$$\Delta W_{fA} = f_A s_A = \frac{1}{2}\mu mg\omega r \Delta t, \quad \Delta W_{fB} = f_B s_B = \mu mg\omega r \Delta t$$

在 Δt 内电阻 R 产生的焦耳热为

$$\Delta W_R = I^2 R \Delta t$$

外力在 Δt 时间内所做的总功为

$$\Delta W = \Delta W_{fA} + \Delta W_{fB} + \Delta W_R = \frac{3}{2}\mu mg\omega r \Delta t + I^2 R \Delta t$$

所以其功率为

$$P = \frac{\Delta W}{\Delta t} = \frac{3}{2}\mu mg\omega r + I^2 R = \frac{3}{2}\mu mg\omega r + \frac{9B^2\omega^2 r^4}{4R}$$

说明 由于导体棒做圆周运动,计算外力的功应该先从极短时间内的元功出发,这也就是本题中体现微元法的地方.题中要求外力的功率,恰好就是元功与时间 Δt 之比.如果已知做功的时间,那么对元功的积累就是外力所做的总功.

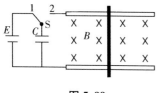

图 5.99

例题 5(2011 江苏) 如图 5.99 所示,水平面内有一平行金属导轨,导轨光滑且电阻不计,匀强磁场与导轨平面垂直,阻值为 R 的导体棒与导轨静止放置,且与导轨接触良好. $t=0$ 时,将开关 S 由 1 掷到 2. q、i、v 和 a 分别表示电容器所带的电荷量、棒中的电流、棒的速度和加速度,下列图像(图 5.100)正确的是( ).

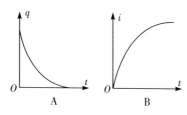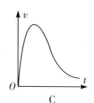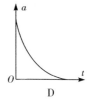

图 5.100

分析与解答 开关倒向 1 时,电容器充电,充电后的电压为 E. 开关倒向 2 时,电容器通过导体棒放电,电流方向从导体棒上端流向下端.刚开始时,放电电流最大,随后,由于导体棒中的电流受到安培力作用,使棒向右做加速运动,同时因切割磁感线产生感应电动势,其极性与电容器相反(对电容器而言形成反电动势),阻碍放电过程的进行.随着放电电流的减小,导体棒受到的安培力减小,其加速度也随之减小.最后,当电容器的电压与导体棒产生的感应电动势相等

5 分割与积累思想在中学物理解题中的应用

时,电容器就停止放电,导体棒做匀速运动.

根据上述分析可知,最后导体棒的加速度为零,D 正确. 由于电容器上会保持一定的电压,其电荷量不可能为零,A 错. 通过导体棒的电流是减小的,B 错. 导体棒的加速度减小时,其速度始终是增加的,最后达到最大速度,C 错.

说明 就本题的要求而言,通过定性分析已经能够作出正确的选择. 一些同学感兴趣的是,导体棒最后做匀速运动的速度究竟有多大? 为此,可以运用微元法在中学物理范畴内作出解答.

假设导体棒长为 l,最后做匀速运动的速度为 v_m,则此时的感应电动势为

$$E = U_C = Blv_m$$

这个过程中导体棒的加速度随时间变化的图像,大体如图 5.101 所示. 把整体时间过程分割成许多小的元段,每一小段时间内的加速度可以看成不变,对应的速度变化可以表示为

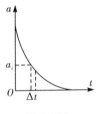

图 5.101

$$\Delta v = a_i \Delta t \quad \text{式中} \quad a_i = \frac{Bil}{m}$$

导体棒的最终速度

$$v_m = \sum \Delta v = \sum a_i \Delta t = \sum \frac{Bil}{m} \Delta t = \frac{Bl}{m} \sum i \Delta t$$

通过上面的分析可知,感应电流的积累效果就是引起电容器电荷量的减少. 设电容器开始时的电荷量为 q_0,停止放电时的电荷量为 q_t,即

$$\sum i \Delta t = q_0 - q_t = CE - CBlv_m$$

代入上式得

$$v_m = \frac{Bl}{m}(CE - CBlv_m)$$

所以导体棒做匀速运动的速度为

$$v_m = \frac{BCEl}{m + B^2 l^2 C}$$

图 5.102

例题 6 空间某区域内存在匀强磁场,磁场的上下边界水平,方向和竖直平面(纸面)垂直. 两个由完全相同的导线制成的刚性线框 a 和 b,其形状分别是周长为 $4l$ 的正方形和周长为 $6l$ 的矩形,线框 a 和 b 在竖直平面内从图 5.102 所示位置开始自由下落. 若从开始下落到线框完全离开磁场的过程中安培力对两线框的冲量分别为 I_a, I_b,则 $I_a : I_b$ 为( ).

A. 3 : 8   B. 1 : 2   C. 1 : 1   D. 3 : 2*

分析与解答 线框进入磁场后切割磁感线产生感应电动势和感应电流,因而使线框受到安培力为

$$F_A = BiL = B\frac{BLv}{R}L = \frac{B^2 L^2 v}{R}$$

式中 L 为线框的有效切割边长,R 为线框的电阻. 显然,这是一个随下落速度 v 变化的量. 为此,可取一个极短时间 Δt 考虑,在这时间内安培力的冲量为

$$\Delta I = F \Delta t = \frac{B^2 L^2}{R} v \Delta t = \frac{B^2 L^2}{R} \Delta x$$

线框从开始下落到离开磁场的过程中,安培力的总冲量为

$$I = \sum \Delta I = \frac{B^2 L^2}{R} \sum \Delta x = \frac{B^2 L^2}{R} x$$

式中 x 就是线框通过磁场区域的位移(两情况相同). 所以,安培力对两线框的冲量之比为

---

* 本题取自 2011 年华约自主招生试题.

$$\frac{I_1}{I_2} = \frac{L_a^2}{L_b^2} \cdot \frac{R_b}{R_a}$$

由题设条件知，$\frac{L_a}{L_b} = \frac{l}{2l} = \frac{1}{2}$，根据电阻定律 $R = \rho \frac{l}{S}$ 得 $\frac{R_b}{R_a} = \frac{6l}{4l} = \frac{3}{2}$，代入上式得

$$\frac{I_1}{I_2} = \left(\frac{1}{2}\right)^2 \times \frac{3}{2} = \frac{3}{8} \quad (\text{A 正确})$$

例题 7 如图 5.103 所示，空间存在一有理想边界的条形匀强磁场区域，磁场方向与竖直平面（纸面）垂直. 一个质量

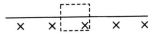

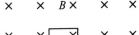

图 5.103

为 m、边长为 l 的刚性正方形导线框，在此平面内沿竖直方向运动. $t=0$ 时刻导线框的上半部恰好进入磁场，速度为 v_0. 经历一段时间后，当导线框上边离开磁场距磁场边界距离为 $\frac{l}{2}$ 时，速度刚好为零. 此后，导线框下落，经过一段时间到达初始位置. 则（　　）.

A. 在上升过程中安培力做的功比下落过程中的少

B. 在上升过程中重力冲量的大小比下落过程中的大

C. 在上升过程中安培力冲量的大小与下落过程中的相等

D. 在上升过程中导线框电阻消耗的电能比下落过程中的大

分析与解答 导线框仅在进出磁场的过程中切割磁感线，产生感应电流，会受到安培力的作用，当导线框整个都在磁场内时，上升和下落过程中导线框的受力情况相同，因此只需要比较导线框上升和下落时进出磁场的过程.

根据感应电流方向可知，导线框上升过程中进出磁场所受到的安培力均向下，与重力同向；下落过程中进出磁场所受到的安培力均向上，与重力反向. 因此，上升过程中进出磁场的加速度大于下落过程中进出磁场的加速度，即

两种情况下导线框进出磁场的位移相同,则上升过程中进出磁场的时间必定小于下落过程中进出磁场的时间,所以上升过程中重力冲量的大小比下落过程中的小,B 错.

导线框进出磁场时受到的安培力大小为

$$F_i = Bil = \frac{B^2 l^2}{R} v$$

这是一个随运动速度变化的力,取极短时间 Δt 考虑,其冲量为

$$\Delta I = F_i \Delta t = \frac{B^2 l^2}{R} v \Delta t = \frac{B^2 l^2}{R} \Delta x$$

因此在进出磁场过程中安培力的冲量为

$$I = \sum \Delta I = \frac{B^2 l^2}{R} \sum \Delta x = \frac{B^2 l^3}{R}$$

式中 $\sum \Delta x = l$ 就是导线框的边长. 可见进出磁场过程中导线框受到的安培力的冲量相等,C 正确.

由于上升和下落过程中经过同一位置时,上升过程中的速度都比下落过程中的速度大,根据动能定理可知,上升过程中安培力做的功一定比下落过程中的多,A 错.

在电磁感应现象中,安培力的功转化为电路中电阻上消耗的电能(最后转化为导线框中的焦耳热),可见在上升过程中导线框电阻消耗的电能比下落过程中的大,D 正确.

说明 本题和例题 6 分别取自 2010 年和 2011 年华约自主招生试题. 两题的共性是都以变化的安培力作为微元法研究的对象,形成题目需要突破的难点,并围绕这个难点综合其他有关知识. 请读者结合这两题,仔细体会其中的研究方法.

例题 8(2007 江苏) 如图 5.104 所示,空间等间距分布着水平方向的条形匀强磁场,竖直方向磁场区域足够长,磁感应强度 $B =$

$1\,\mathrm{T}$,每一条形磁场区域的宽度及相邻条形磁场区域的间距均为 $d=0.5\,\mathrm{m}$,现有一边长 $l=0.2\,\mathrm{m}$、质量 $m=0.1\,\mathrm{kg}$、电阻 $R=0.1\,\Omega$ 的正方形线框 MNOP 以 $v_0=7\,\mathrm{m/s}$ 的初速从左侧磁场边缘水平进入磁场,求:

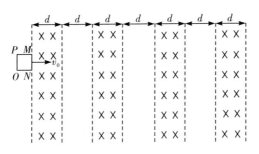

图 5.104

(1) 线框 MN 边刚进入磁场时受到安培力的大小 F;

(2) 线框从开始进入磁场到竖直下落的过程中产生的焦耳热 Q;

(3) 线框能穿过的完整条形磁场区域的个数 n.

分析与解答 (1) 线框 MN 边刚进入磁场时,因切割磁感线产生感应电流,从而使线框受到安培力,其大小为

$$F=BIl=B\frac{Blv_0}{R}l=\frac{B^2l^2v_0}{R}=\frac{1^2\times 0.2^2\times 7}{0.1}\,\mathrm{N}=2.8\,\mathrm{N}$$

(2) 设线框竖直下落 h 时,速度为 v_h,由自由落体规律知

$$v_h^2=2gh$$

线框下落过程中,由于穿过线框磁通量的变化,线框中会产生感应电流,从而产生焦耳热.设下落 h 时产生的焦耳热为 Q,以下落 h 的位置为势能参考面,根据能的转化和守恒有

$$mgh+\frac{1}{2}mv_0^2=\frac{1}{2}mv_h^2+Q$$

联立两式得

$$Q=\frac{1}{2}mv_0^2=\frac{1}{2}\times 0.1\times 7^2\,\mathrm{J}=2.45\,\mathrm{J}$$

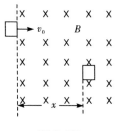

图 5.105

(3) 因为线框进入磁场后在安培力作用下,线框的速度不断减小,线框做变速运动. 为了确定穿过条形磁场区域的个数,可以将原来的条形磁场分布转化成均匀分布的磁场. 根据进入这个均匀磁场的深度 x,就可以算出穿过完整的条形磁场区域的个数(图 5.105).

线框进入磁场后受到的安培力为

$$F = BIl = B\frac{Blv}{R}l = \frac{B^2l^2v}{R}$$

这是一个随速度变化的量. 若以线框的运动方向为正方向,根据动量定理,在极短时间 Δt 内,安培力对线框的冲量和线框的速度变化量的关系为

$$-F\Delta t = m\Delta v \quad \text{或} \quad -\frac{B^2l^2v}{R}\Delta t = m\Delta v$$

当线框的水平速度在 $v_0 \to 0$ 的整个时间内,将安培力的冲量积累起来,即对上式求和

$$\sum\left(-\frac{B^2l^2v}{R}\Delta t\right) = \sum m\Delta v \quad \text{或} \quad \left(-\frac{B^2l^2}{R}\right)\sum v\Delta t = m\sum \Delta v$$

式中 $\sum v\Delta t = \sum \Delta x = x$,$\sum \Delta v = 0 - v_0$,于是由

$$\frac{B^2l^2}{R}x = mv_0 \quad \Rightarrow \quad x = \frac{mv_0R}{B^2l^2}$$

所以线框能穿过完整的条形磁场区域的个数为

$$n = \frac{x}{2l} = \frac{mv_0R}{2B^2l^3} = \frac{0.1 \times 7 \times 0.1}{2 \times 1^2 \times 0.2^3} \approx 4.4$$

即可穿过 4 个完整的条形磁场区域.

说明 本题也可以从平均安培力角度考虑:设线框穿过第 1 个条形磁场左边界的时间为 Δt,在这个过程中受到的平均安培力为

$$\bar{F} = B\bar{I}l = B\frac{\bar{E}}{R}l = B\frac{Bl^2}{R\Delta t}l = \frac{B^2l^3}{R\Delta t}$$

设此时线框的速度为 v_1，以线框运动方向为正方向，根据动量定理有

$$-\bar{F}\Delta t = mv_1 - mv_0 \quad 即 \quad -\frac{B^2l^3}{R} = mv_1 - mv_0$$

设线框穿过第 1 个条形磁场右边界后的速度为 v_1'，在这个过程中同理有

$$-\frac{B^2l^3}{R} = mv_1' - mv_1$$

所以线框穿过第 1 个条形磁场的过程中有

$$-\frac{2B^2l^3}{R} = mv_1' - mv_0$$

设线框能穿过 n 个条形磁场，则有

$$-n\frac{2B^2l^3}{R} = 0 - mv_0$$

得

$$n = \frac{mv_0 R}{2B^2l^3} \approx 4.4$$

如果对本题中运用"微元-积累"的方法研究变量问题已经有所领悟的话，下面两个类似的练习题同样可以解答出来了．

练习题

（1）如图 5.106 所示，间距为 l 的两条足够长的平行金属导轨 MN、PQ 与水平面夹角为 α，导轨的电阻不计，导轨的下端连接一阻值为 R 的电阻，并置于磁感应强度大小为 B、方向与导轨平面垂直的匀强磁场中．将一根质量为 m、电阻不计的导体棒 ab 垂直放在导轨上，它恰能保持静止．现给导体棒一个大小为 v_0、方向沿导轨平面向

下的初速度,然后任其运动,导体棒在运动过程中始终与导轨垂直并接触良好.设导体棒所受滑动摩擦力与最大静摩擦力大小相等.求:

① 导体棒与导轨间的动摩擦因数 μ;

② 导体棒在导轨上移动的最大距离 x.

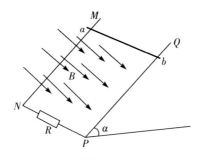

图 5.106

(2) 如图 5.107 所示,两根相距为 d 足够长的光滑平行金属导轨位于水平面 xOy 内,导轨与 x 轴平行,左端接有阻值为 R 的电阻.在 $x>0$ 的一侧存在着磁感应强度为 B、竖直向下的匀强磁场,金属棒质量为 m,电阻为 r,与金属导轨垂直放置,且接触良好.开始时,金属棒位于 $x=0$ 处,现给金属棒一大小为 v_0、方向沿 x 轴正方向的初速度,金属棒沿导轨滑动,金属导轨电阻可忽略不计.求:

① 金属棒从开始滑行到停止的过程中,电阻 R 产生的焦耳热;

② 金属棒沿导轨能够滑行的最大距离.

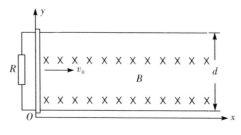

图 5.107

5 分割与积累思想在中学物理解题中的应用

参考答案：（1）① $\tan\alpha$；② $\dfrac{mv_0 R}{B^2 l^2}$. （2）① $\dfrac{mv_0^2 R}{2(R+r)}$；② $\dfrac{mv_0(R+r)}{B^2 d^2}$.

例题 9（2008 江苏） 如图 5.108 所示，间距为 l 的两条足够长的平行金属导轨与水平面的夹角为 θ，导轨光滑且电阻忽略不计．场强为 B 的条形匀强磁场方向与导轨平面垂直，磁场区域的宽度为 d_1，间距为 d_2．两根质量均为 m，有效电阻均为 R 的导体棒 a 和 b 放在导轨上，并与导轨垂直（设重力加速度为 g）．

（1）若 a 进入第 2 个磁场区域时，b 以与 a 同样的速度进入第 1 个磁场区域，求 b 穿过第 1 个磁场区域过程中增加的动能 ΔE_k．

（2）若 a 进入第 2 个磁场区域时，b 恰好离开第 1 个磁场区域；此后 a 离开第 2 个磁场区域时，b 又恰好进入第 2 个磁场区域．且 a、b 在任意一个磁场区域或无磁场区域的运动时间均相等．求 a 穿过第 2 个磁场区域过程中，两导体棒产生的总焦耳热 Q．

（3）对于第（2）问所述的运动情况，求 a 穿出第 k 个磁场区域时的速率 v．

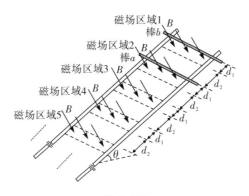

图 5.108

分析与解答 （1）由于回路中没有电流，a 和 b 不受安培力作

用,由机械能守恒知 b 穿过第 1 个磁场区域所增加的动能为

$$\Delta E_k = mgd_1 \sin\theta \qquad ①$$

(2) 设导体棒刚进入无磁场区域时的速度为 v_1,刚离开无磁场区域时的速度为 v_2,由能量守恒知

在无磁场区域中 $\quad \dfrac{1}{2}mv_2^2 = \dfrac{1}{2}mv_1^2 + mgd_2 \sin\theta \qquad ②$

在磁场区域中 $\quad \dfrac{1}{2}mv_1^2 + Q = \dfrac{1}{2}mv_2^2 + mgd_1 \sin\theta \qquad ③$

联立两式解得

$$Q = mg(d_1 + d_2)\sin\theta \qquad ④$$

(3) 设导体棒在无磁场区域和有磁场区域的运动时间都为 t,在无磁场区域有

$$v_2 - v_1 = gt\sin\theta \qquad ⑤$$

其平均速度

$$\dfrac{v_1 + v_2}{2} = \dfrac{d_2}{t} \qquad ⑥$$

在磁场区域,导体棒做切割磁感线运动,相应的感应电动势和感应电流分别为

$$E = Blv, \quad I = \dfrac{E}{2R}$$

因此导体棒所受的合力为一个变力,即

$$F = mg\sin\theta - BIl = mg\sin\theta - \dfrac{B^2 l^2}{2R} v \qquad ⑦$$

设在一段极短的时间 Δt 内,导体棒的速度变化为 Δv,由牛顿第二定律知

$$mg\sin\theta - \dfrac{B^2 l^2}{2R} v = m \dfrac{\Delta v}{\Delta t}$$

或

5 分割与积累思想在中学物理解题中的应用

$$\Delta v = g\sin\theta \cdot \Delta t - \frac{B^2 l^2}{2mR} \cdot v\Delta t \qquad ⑧$$

导体棒经过磁场区域的过程,就是上式中速度和时间的积累过程,可以表示为

$$\sum \Delta v = g\sin\theta \cdot \sum \Delta t - \frac{B^2 l^2}{2mR} \cdot \sum v\Delta t \qquad ⑨$$

根据题设条件

$$\sum \Delta v = v_1 - v_2, \quad \sum \Delta t = t, \quad \sum v\Delta t = d_1$$

于是得

$$v_1 - v_2 = g\sin\theta \cdot t - \frac{B^2 l^2}{2mR} \cdot d_1 \qquad ⑩$$

联立式⑤、式⑥、式⑩,即得

$$v_1 = \frac{4mgRd_2}{B^2 l^2 d_1} \cdot \sin\theta - \frac{B^2 l^2 d_1}{8mR}$$

因为 a、b 两导体棒在任意一个磁场区域或无磁场区域的运动时间均相等,所以 a 穿出第 k 个磁场区域时的速率 v 就等于 v_1,即

$$v = v_1 = \frac{4mgRd_2}{B^2 l^2 d_1} \cdot \sin\theta - \frac{B^2 l^2 d_1}{8mR}$$

说明 本题情景比较复杂,难度较大,许多同学看不懂题意.实际上,由于导体棒经历的是一种重复性的运动,可以等效于只有一根棒的运动(图5.109).它在无磁场区域做着匀加速运动;在磁场区域,做着变加速运动.由于在任意一个磁场区域和无磁场区域运动的时间均相等,因此进入无磁场区域和离开无磁场区域的速度分别为 v_1 和 v_2.然后,采用微元法对极短时间 Δt 列出牛顿第

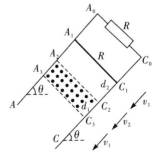

图 5.109

定律方程，接着就可以代入积累的结果. 可见，本题非常典型地体现了微积分的思想方法. 解答后，再仔细回顾一下这个过程，会有助于深化对知识的理解.

例题 10（2009 江苏） 如图 5.110 所示，两平行的光滑金属导轨安装在一光滑绝缘斜面上，导轨间距为 l、足够长且电阻忽略不计，导轨平面的倾角为 α. 条形匀强磁场的宽度为 d，磁感应强度大小为 B、方向与导轨平面垂直. 长度为 $2d$ 的绝缘杆将导体棒和正方形的单匝线框连接在一起组成 "⊓" 型装置，总质量为 m，置于导轨上. 导体棒中通以大小恒为 I 的电流（由外接恒流源产生，图中未画出）. 线框的边长为 $d(d < l)$，电阻为 R，下边与磁场区域上边界重合. 将装置由静止释放，导体棒恰好运动到磁场区域下边界处返回，导体棒在整个运动过程中始终与导轨垂直. 重力加速度为 g. 求：

（1）装置从释放到开始返回的过程中，线框中产生的焦耳热 Q；

（2）线框第一次穿越磁场区域所需的时间 t_1；

（3）经过足够长时间后，线框上边与磁场区域下边界的最大距离 x_m.

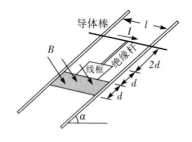

图 5.110

分析与解答 （1）设装置由静止释放到导体棒运动到磁场下边界的过程中，需克服线框和导体棒的安培力做功. 设安培力做功为 W，恰好返回意味着此刻的速度为零，由动能定理，有

5 分割与积累思想在中学物理解题中的应用

$$mg\sin\alpha \times 4d - W - BIld = 0$$

其中线框所受安培力做功转化为线框中的焦耳热,即

$$Q = W$$

联立两式得

$$Q = 4mgd\sin\alpha - BIld = 0$$

(2) 设整个线框刚离开磁场下边界时的速度为 v_1,至返回处还需继续向下运动 $2d$,在这个过程中,由动能定理知

$$mg\sin\alpha \cdot 2d - BIl \cdot d = 0 - \frac{1}{2}mv_1^2 \qquad ①$$

当线框在磁场中时,沿运动方向上除受到重力的分力外,还因其一边切割磁感线产生感应电流而受到安培力 f_A,其合力为

$$F = mg\sin\alpha - f_A$$

式中

$$f_A = BI'd = B\frac{Bdv}{R}d = \frac{B^2d^2v}{R}$$

可见,线框在磁场中时受到变力作用,做变加速运动.设在极短的时间 Δt 内,引起线框的速度变化为 Δv,根据牛顿第二定律有

$$mg\sin\alpha - \frac{B^2d^2v}{R} = m\frac{\Delta v}{\Delta t}$$

则

$$\Delta v = g\sin\alpha \cdot \Delta t - \frac{B^2d^2}{mR} \cdot v\Delta t$$

线框通过磁场的过程,也就是其速度和时间的积累过程,即

$$\sum \Delta v = g\sin\alpha \cdot \sum \Delta t - \frac{B^2d^2}{mR} \cdot \sum v\Delta t$$

式中

$$\sum \Delta v = v_1, \quad \sum \Delta t = t_1, \quad \sum v\Delta t = 2d$$

得

$$v_1 = gt_1\sin\alpha - \frac{2B^2d^3}{mR} \qquad ②$$

联立式①、式②,得线框第1次穿过磁场区域的时间

$$t_1 = \frac{\sqrt{2m(BIld - 2mgd\sin\alpha)} + \frac{2B^2d^3}{R}}{mg\sin\alpha}$$

(3) 线框第1次从最底处返回上行,接着又下行、返回……在这样的往返过程中,由于线框会产生焦耳热,每次下行的距离和返回的高度都越来越小. 经过相当长时间后,直到返回时线框的上边只能到达磁场区域的下边界(图 5.111),此后在下行过程中,由于整个装置受到的重力和导体棒通过磁场时受到的安培力都是恒力,它们做功与具体路径无关——上、下行过程中通过同样距离时,一次做正功、另一次做负功,数值相同. 因此经过足够长时间后必然达到一个稳定的运动状态. 设此时线框的上边与磁场区域的下边界的最大距离为 x_m(图 5.112),则由动能定理

$$mg\sin\alpha \cdot x_m - BIl(x_m - d) = 0$$

得

$$x_m = \frac{BIld}{BIl - mg\sin\alpha}$$

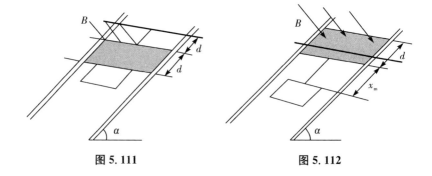

图 5.111　　　　　　　图 5.112

5 分割与积累思想在中学物理解题中的应用

说明 （1）在第（1）问中，应该认识到线框的一边切割磁感线产生感应电流，从而使线框受到安培力，克服安培力所做的功全部转化为焦耳热.因此，可直接假设安培力做功 W，便于应用动能定理.

（2）线框穿过磁场的过程是一个变速运动过程，将它与例题4对照，可以进一步体会如何运用微积分思想处理在磁场中做变速运动的问题.

主要参考资料

[1] 朱新民.科学史上的重大争论集[M].长沙:湖南教育出版社,1986.

[2] 查有梁.牛顿力学的横向研究[M].重庆:四川教育出版社,1987.

[3] 解延年,尹斌庸.数学家传[M].长沙:湖南教育出版社,1987.

[4] 阎康年.牛顿的科学发现与科学思想[M].长沙:湖南教育出版社,1989.

[5] 周嘉华,王德胜,乔世德.化学家传[M].长沙:湖南教育出版社,1989.

[6] 陆琰,罗辽复.从电子到夸克:粒子物理[M].北京:科学出版社,1992.

[7] 杨仲耆,申先甲.物理学思想史[M].长沙:湖南教育出版社,1993.

[8] 许洪生,王溢然.分割与逼近[M].郑州:河南教育出版社(大象出版社),1993.

[9] 雷树人,陈子正.中学物理知识教学手册[M].郑州:河南教育出版社(大象出版社),1994.

[10] 苏州大学,等.物理实验教程[M].苏州:苏州大学出版社,1994.

[11] 欧阳钟灿,刘寄星.从肥皂泡到液晶生物膜[M].长沙:湖南教育出版社,1994.

[12] 汪天云.我的名字叫中国[M].上海:上海科学技术出版社,1998.

[13] 程守洙,江之永.普通物理学[M].北京:人民教育出版社,1998.

[14] 教育部师范教育司.20世纪物理学概观[M].上海:上海科技教育出版社,1999.

[15] 谢家麟.加速器与科技创新[M].北京:清华大学出版社,2000.

[16] 吴翔,等.文明之源:物理学[M].上海:上海科学技术出版社,2001.

[17] 刘普霖,褚君浩.黑暗中的半壁江山:红外[M].上海:少年儿童出版社,2003.

[18] 李艳平,申先甲.物理学史教程[M].北京:科学出版社,2007.

[19] 束炳如,何润伟.普通高中课程标准实验教科书:物理(共同必修1)教师用书[M].上海:上海科技教育出版社,2007.

[20] 束炳如,何润伟.普通高中课程标准实验教科书:物理(选修3—3)[M].上海:上海科技教育出版社,2007.

[21] 李心灿.微积分的创立者及其先驱[M].北京:高等教育出版社,2007.

[22] 欧几里得(原著),翁秉仁(导读).没有王者之路[M].北京:海豚出版社,2012.

[23] 马丁纽斯,韦尔特曼.神奇的粒子世界[M].丁亦兵,等,译.北京:科学出版社,2012.

后　　记

用一把剪刀能剪出一个圆——虽然剪刀的每一剪口都是一小段直线,但许多小段直线积累起来却可以构成圆.这就是本书的精髓,它所蕴含的思想内核就是微积分的基础.

长期以来,中学物理教学被禁锢在对常量的研究范围或均匀变化的框架内,这样做用心良苦,主要是考虑到中学生的知识水平和理解能力,不过其负面作用也是显然的,在一定程度上遏制了学生思维的能动性.

科学的发展往往会让人有蹉跎岁月之感.中西部农村的大爷大妈不久前才兴冲冲地坐上"绿皮车"到了沿海地区的儿女家,返乡时却已经坐上速度超过 300 km/h 的高铁了[*];20 世纪 90 年代中期,信息高速公路还只是报刊上的一个新词儿,曾几何时,互联网已经进入中小学生的生活和学习中了;前不久,千百万中小学生兴致勃勃地观看了太空授课,乘航天飞机去太空旅行已经不再是痴心妄想……

时代的发展,强烈地呼唤着中学物理教学必须冲破思维的樊笼,更新知识的结构.可喜的是,从新世纪起试行的《课程标准》已经开启了新的航程,数学选修课程增设了微积分初步的内容,物理中微积分

---

[*] 从 2008 年 8 月中国第一条 350 km 时速等级的高速铁路——京津城际高铁通车,标志着中国铁路进入"高铁时代"后,20 世纪 90 年代以来作为中国铁路标准涂装的"绿皮车"也开始逐步被淘汰了.

思想的渗透也正在逐渐得到加强.庆幸本书正赶上了这样的好时机!

  本书由王溢然撰写,书中以微积分思想为核心,比较全面地介绍了分割与积累在科学认识、物理教学中的作用以及在分析、解决中学物理具体问题中的应用.书中融入了作者从编写教材开始多年来对该课题的思考、开掘和积累的体会,力图注重新课程的理念,努力反映科技新成果和新思想,并进一步拓展了与当前教学密切联系的有关内容.

  本书编写过程中,移植和改写了《分割与逼近》(许洪生,王溢然)的部分内容.在第5章的应用部分,也吸收了王洪泉老师和韦卫老师(杨刚老师、刘海燕老师予以协助)受许洪生委托对原《分割与逼近》修改中所提供的某些问题和部分地区近年模拟考试的若干试题,在此谨致谢忱.

  人们常说,每一条成功之路,都是一连串踏踏实实的脚印积累的结果.还有句话:不积跬步,无以至千里.这是一种人生哲理.分割与积累仿佛也是一种对人生之路的诠释和启迪.如果阅读本书的同学们,能够在物理思想、数学方法乃至对人生哲理的理解上都有那么一丁点儿所得的话,本人将感到无比的欣喜和荣耀.

王溢然

2015 年 6 月于苏州庆秀斋